슬픈 눈을 지닌 돌

슬픈 눈을 지닌 돌

새로운 감성과 지성 • 3

고두미

■ 세 번째 빗장을 열며

시의 두 얼굴, 은둔과 혁명

1

시를 쓰는 순간은 혁명의 연속이다. 기존의 시각으로는 보이지 않는 부분을 시인은 직감으로 혹은 영감으로 간파하며, 이런 인식은 기존의 모든 것을 버리지 않으면 이루어지지 않는다. 여태까지 진행되던 모든 관행과 잠력으로부터 벗어난 자리에서 새로운 인식이 싹트며, 싹트는 그 순간의 에너지를 새로운 형식에 찾아 담는다.

그런데 바로 이 순간이 문제다. 시인의 인식은 늘 새로운 세계를 향해서 부름켜처럼 부풀어 가는데, 애써 찾아낸 그 순간의 격정을 담는 그릇은 이미 정해진 시라는 틀이다. 이 틀은 물론 무한하고 자유롭다. 그러나 시라고 할 수 있는 어떤 영역이 정해져 있다면 그것은 아무리 큰 자유가 허락된다고 하더라도 감옥이기는 마찬가지이다. 시인에게 시는 커다란 감옥이 된다.

바로 이 지점에서 시인의 정신은 불꽃이 튀고, 그 점화지점을 어디에다 두느냐에 따라서 시의 경향은 물론 울림의 방향과 너비도 달라진다. 정신은 순간마다 혁명이 이루어지지만, 애써 이룬 그 혁명이 시라는 기존의 양식으로 돌아오지 않을 수 없는 운명 앞에 놓인 것이다. 혁명의 절정에서 시의 관성으로 돌아서는 그 순간을 무엇이라고 불러야 좋을까? 그것을 은둔이라 하자. 아무리 좋게 말해도 시의 인식은 시의 형식 안으로 숨는다. 이렇게 시가 지닌 관성으로 돌아오는 것이니 결국 시는 은둔의 자세를 취하게 된다.

그러나 혁명은 그 반대의 관성을 띤다. 자신을 구속하는 그 어떤 것으로부터도 자유롭고자 하는 것이 혁명의 이유이다. 혁명이 이루어지는 순간 그것에 등을 돌려야 하는 운명이 시에는 있다.

은둔과 혁명의 관계는 시인 자신의 안에서만 이루어지는 것은 아니다. 시 자체에서도 이루어진다. 이 인식이 무언가를 바꾸고 이 자리에는 없는 그 어떤 것을 갈구하는 형태로 분출하면 그것은 형식의 안정성을 넘어서 현실과 예술을 파괴하거나 변혁시키는 무기로 작용한다.

그러나 이 무기가 자신을 향하는 경우에는 그것이 아무리 참신하고 새로워도 시의 형식 자체에 생각을 집중하는 효과가 있다. 혁명의 예봉이 시의 바깥이 아닌 제 안으로 향하는 경우이다. 이렇게 되면 시는 다분히 자신의 형식 속으로 숨어버리는, 은둔의 자세를 취한다. 우리는 이런 극단의 세월을 불과 20년 사이에 겪었다. 1980년대에 분출했던 현실참여 경향의 시들이 앞에 해당할 것이고, 1990년대 이후의 시가 대체로 뒤의 경향일 것이다.

이 두 경향은 개인의 취향에 따라서, 혹은 시대의 경향에 따라서 끝없이 변화한다. 그러나 어느 한쪽으로 심하게 기울 경우 시는 저절로 병을 앓는다. 시는 순수예술을 위한 장식도 아니며, 또한 혁명을 위한 단순한 도구에 그치는 것도 아니기 때문이다. 오히려 순수한 예술정신이 현실의 둔탁한 벽을 뚫어 새로운 세계로 통하는 길을 내는 예지가 시의 본령이고 지향점이다. 이것은 혁명의 순간을 안이한 시 형식으로 주저앉히는 것이 아니라 혁명의 그 순간으로 시의 긴장을 끌어올리는 것이다.

이것만이 지나치게 어느 한쪽으로 치우쳐버린 1980년대 이후의 한국시를 구원하는 길이 될 것이다. 더구나 현실을 등진 채 시가 자신의 안쪽으로 드리운 사양길을 향해 치닫는 2000년대 중반의 경향은 그 이전의 경향과 또 달리 디지털 시대의 갑작스런 출현과 맞물려 시의 현실과 미래를 걱정하지 않을 수 없는 지경에 이르렀다. 그렇기에, 무엇이 시인지는 알 수 있지만, 무엇이 옳은 시인지는 알 수 없는 혼란스런 시대를 통과하며, 시의 운둔과 혁명을 다시 생각한다.

2

문학의 위기가 문학계의 한 담론으로 일반화된 것이 벌써 10년을 넘었다. 그렇다면 이제 그러한 담론이 가져온 결과는 어떠한가? 이 질문은 그러한 담론이 디지털 시대에 어떤 방법으로 시가 살아남아야 하는가 하는 방법을 요구하는 것이다. 그러나 이런 소박한 질문에 대해 시원한 답을 내주는 사람도 단체도 보기 어렵다. 어찌 보면 이것은 답이 없는 것을 향해 질문을 던진 당연한 결과가 아닌가 짐작한다.

문학은 이미 이 시대 문화 소통의 주류가 아니다. 이것을 전제하지 않으면 아무것도 안 된다. 그렇다면 주류가 아닌 주변의 갈래가 취할 방법은 주류가 돌보지 못하는 틈새시장을 겨누는 것일 것이다.

디지털은 영상 이미지로 세계를 인식한다. 그리고 그것은 시공을 초월한다. 그런 까닭에 이미지로만 존재한다. 그러나 어떤 상황에서도 가상공간이 현실을 대체할 수는 없다. 바로 이 부분이 문학이 파고 들 수 있는 마지막 영역이다.

그런데 여태까지 우리 문학은 역시 가상공간에 떠 있었다. 이유는 간단하다. 독자는 얼굴도 모르는 사람들이 만든 문예지를 통하여 문학을 접했고, 그 문예지에 등장하는 사람들은 문단이라는 자신들만의 성역을 구축하여 사람 하나 겨우 드나들 수 있는 비좁은 문을 만들어놓고는 통행세를 뜯어내며 살았다. 쉽게 접할 수 없는 곳에서 들리는 언어는 가상공간의 영상과 다를 바 없다.

그렇다면 이 가상공간을 현실로 되돌리는 방법은 간단하다. 평범한 사람들의 주변으로 시를 되돌리는 것이다. 여러 가지 방법이 있지만, 그 중에서 쉽게 생각할 수 있는 것은 지역별 소규모 동호인 활동이고, 자생력을 갖춘 사화집 출판이다. 디지털 시대를 맞은 지금, 거철당랑의 감이 없지 않지만, 우리가 몇 년째 사화집을 내는 것은 그것이 문학이 살 수 있는 마지막 근거라는 믿음 때문이다. 이 믿음마저 놓친다면 그것이야말로 살아있는 문학의 종말이 될 것이다. 그러나 사화집이 존재하는 한 문학의 종말은 없을 것이고, 결국 문학의 존재이유 하나를 이번 사화집이 만든다는 믿음이 이런 행위의 바탕에는 깔려 있다.

벌써 세 번째 마당이다. 매년 벌이는 무모한 일에 무모한 줄 알면서도 호응해주는 시인들에게 미안하다는 말과 고맙다는 마음을 전한다.

2006. 11.

〈새로운 감성과 지성〉 편집위원 정진명

슬픈 눈을 지닌 돌 — 차례

박윤배

우연법

큰물 휩쓸고 내려간 뒤
강의 중심에서 밀려난 흙더미에
떠내려가다 멈춘 씨앗일까
뒤늦게 밀어올린 참외의 싹이
노란 꽃을 피우고 있다.

급기야는 둥근 열매 매달고는
넘실대고 있다
곧 무서리가 내리면 제대로 익지도 못할
열매를 맺어서 어쩌겠다는 것이냐
늦게 본 자식 하나 이웃들 걱정해도
바라보는 부모의 눈에는
늘 어여쁨인 개똥참외

척박한 살림에 자식 하나 더 키운다는 것이
어디 쉬운 일이랴 만은
굴곡의 강이 만들어 준 희망 하나가
넝쿨이 되고 잎이 되고 열매가 되고
세상의 낮은 곳을 휘도는 물길 곁에서
다부지게 살아내는 생이길
우연이 아닌 필연의 생이길

낮은 가을 강물 목청을 들려준다
근력 약해진 내 팔을
베개 삼아 품에 밤새 파고들던
웅크린 늦둥이 숨결이 고맙다
무서리 내리기전 잔뿌리 다치지 않게
아이와 삽으로 떠와서
집안에 옮겨 심은 뒤,

베란다를 건너온 아침햇살이
게으른 내 늦잠 깨우기도 전에
나는 씩씩하게 일찍 일어나
사냥을 나선다.
오늘도 수렵도의 사내처럼

느림, 번식을 꿈꾸며

기다림의 둥지로 몰아갈
오리가 없는 저녁 무렵
내 유년은 충주댐 상류에 잠겨 있어
동촌 강변에서 만나는 오리들은
나비넥타이 목에 두르고 선착장 부근에 몰려
찰랑이는 물길에 기우뚱거리고 있다.

발이 연신 물을 차고 있는 줄 알았는데
몸의 부력만으로도 둥둥 사랑은
늘 기다리는 것
강의 중심에 밀어 넣을 만큼 근력 오를 때
내가 유혹의 손짓을 보내도
사철 내내 강물에서 나오지 않는 오리들
눈 내리고 깃털이 얼어붙을 겨울까지
물살에 간지러운지 미동의 몸짓 보이고 있다.

빠르게 지나는 카누들과 수상스키를 만나면
어쩔 줄 모르고 멈춰서기에 바쁜 저 뒤뚱거림을
쇠락한 유원지 강변에서 나는 본다.
무서운 속도에 날아오르는 전투기들과
줄지어 불 밝히는 모텔들 틈

느긋함의 상술에 익숙해진 주인은
불러도 어디에도 없다.

묶인 밧줄 풀고 노를 저어 강의 중심에 이르자
호루라기 소리로 요금을 계산하는
조금은 느린, 어쩌면 속도감이 없어서 즐거웠을
그런 사랑의 배에 올라타고 싶다.

나이와 시간이 비례한다고는 하지만
욕구조차 오염되어진 이 곳은 오래된 유원지
오리들의 군집으로 보아
한때 번창했던 곳임을 알 수 있는 선착장에서
느리지만 발 구르는 만치 달려 나가는
유영의 법칙을 만난다.

10월, 갈대에 귀를 대다

내 키 높이에서 꽃을 피우더니
흰 머리칼 갈대가 말라가고 있다.

그럴 때가 됐다고 그래서 마흔 중반엔
털들 퍼석해지는 거라지만
주위 풀보다 먼저 말라가는 갈대

말라간다는 것은 몸을 가벼이 하는 일
서걱 이면서 홀씨를 날리기 위해
차오르는 물관부 발목을 바람에 꺾으며
스스로 수문을 잠그고 있다.

저녁이면 낮은 흐느낌을 만들기도 하면서
이리저리 물길을 헤집던 물오리 떼들에게
밀집대형 빼곡하여 없던 길 하나도
스멀스멀 내어주고 있다.

늪의 상류를 점령하던 영역 허물어
다가올 추위에도 외투를 벗어던지듯
거미의 집들을 허물어
썰어 놓은 벌래들 알을 덮어주고 있다.

해맞이공원

강 언덕의 집이
감쪽같이 없어졌다
늘 창문 열고 밖을 살피며 지냈는데
어느 날 불도저 하나 얼핏 보였는데
소파에서 단잠을 자고 일어나니
눈앞이 훤하다.

흔적 위에 잔디가 덮이고
가지 잘린 은행나무 세 그루
듬성듬성 서 있다.

처음에는 버팀목에 기대고 있더니
태풍이 지나자 조금은 기우뚱하더니
너무 자연스레
폼잡고 서서 대화를 하고 있다.

건물의 자리에 몇 가닥 길이 놓이고
해맞이공원이라고 간판이 걸린다.
살을 빼려는 운동복의 사람들
오르내리며 내 시야를
어른거린다.

가로등 몇 개가 세워지고
공원은 그렇게
만들어지는 것

불도저가 밀어버린 그곳에 있던 집은
누구도 기억하지 못하지만
여전히 해는 불도저 삽날 위에서
힘차게 떠오른다.

반딧불이

이슬 내리는 저녁 풀 섶에서
날아오르는 반딧불이를 본다.

혼령처럼 어둠 속으로 사라지고
홑겹의 옷을 입은 여자가 웅크리고
그 뒤를 열심히 따라간다.

바람도 없는 날 떠난 남자의 무덤위로
검은 비닐봉지 바람에 날아오르듯

멈칫 도시를 떠나온 그녀의 사연은
묻고 싶지 않아 그냥 딸려 보낸다.

권련을 피워 물고
아버지 늦은 투전판에서 돌아오던 날
거름더미위로 삼밭위로
날아오르던 반딧불이
무덤눈썹이 썩은 자리에서
펑펑 쏟아져 나와

어둠의 한 세상이 생업에 얽매여 살다가

춤 한번 천렵 한 번 못나가 보신
어머니 서러움의 한 평생 한을
몸으로 알려주는 반딧불이

엉큼한 누이의 치마 속처럼 캄캄하던
내 추억의 길 위에
횃불의 길잡이가 되고 있다.

해바라기

바라보기에 지친 남녀가
입 맞추기에 알맞은 키다.

눈만 검게 깊어가는 결핵의 삼촌
밤이면 긁어대던 기침의 창가
큰 키의 해바라기는 정원의 맨 뒷줄
낡은 가족사진 속에 있다.

누구보다 키가 커서 일찍 지워진 걸까
기억속의 얼굴이 둥글게 떠오른다.

어른어른 햇살의 그림자를 물고
개 한 마리 이리저리 흔들다 제풀에 지쳐
놓아버리는 자리에 우뚝 선 꽃

오지 않는 버스를 기다리는 눈길
하나둘 모여드는 유성 아파트 정류장
군락의 해바라기들 기다림을 알고 있다.

사람들 표정과 해바라기는
닮아있어 아침엔 발 동동 구르더니

점심에는 나른함의 표정이다.

나풀거리는 노란 꽃잎을 다 지우고야
깊어지는 저 눈 속에서
고독했을 한 사람의 눈빛을 닮은
그리움으로 가을이 여물어 가고 있다.

즐거운 혀

항시 그 정도면 좋겠다.

말랑말랑한 힘으로 뜨겁다는 거
그대의 아랫도리를 녹일 수 있다는 거
함부로 아픔을 준다거나
아무 곳에서나 침 뱉을 용도가 아닌
세상에 차려진 음식들 먹을 만한지
점검 차 들이밀어 본다는 거

간사한 혀 놀림보다는
그대 잠든 방 문풍지를 뚫을
바늘귀를 지날 실에 침 바를
그런 실용의 혀를 가지고 싶다.

울타리 아래 핀 맨드라미처럼
물드는 석양에 고개 숙이는 것
산의 운무가 단풍을 기다리는 것
또 다른 뜨거운 혀
내 입안 가득 밀려들기를
꿈꾼다는 거

박꽃

아랫배에 아이를 잉태한 한 여인
출산이 다가오자
젖가슴 푸른 힘줄 생겨나듯
돌담 타고 오른 넝쿨이 번성하더니
마디미디 서리 내리기 직전의 배꼽에
꽃이던 시절을 지우고 있다.

자꾸 꽃을 피우는 흰 수줍음
치아가 흰 그녀와 한 살림 차리고 싶은 저녁
떨어뜨린 잎을 주어모아 요로 깔고
듬성듬성 한 자락 구름을 끌어 덮고
올 가을 저녁에는 옥수수를 함께 삶으며
굴뚝연기로 타오르는
돌담의 마을에 가고 싶다.

땅은 얼어가고 성급함이 피워낸 온기일지라도
여름내 감춰온 연한 속살의 그녀가 낳은
갓난아이를 안아 보고 싶다.

CCTV

아파트 2층 베란다 높이까지 새순을 앞세워 올라온 대추나무는 복사꽃이 만발해도 벌거숭이더니, 잎도 없이 몸에 가시를 세우더니, 죽은 건 아닐까? 내 걱정에 뒤늦게 꽃을 피운다.

여자의 유두처럼 열매를 키우더니 어느새 붉게 물들이기 시작한다. 디딜방앗간 문설주로 서있던 유년 대추나무를 문득 추억하게 한다. 곡식을 찌어 가루를 만들기 위해 넙죽 엎드린 방아의 자세로 베개를 깔고 시를 쓰는 가을 저녁.

문밖에서 여문 대추알들이 피 마른 중년의 이마를 두드려 풍년임을 알리는 달빛이어도 바가지 눌러 쓰고 대추서리로 오르던 나무. 엎드려 실한 언어 몇 골라보지만 시퍼런 언어들만 골라내어 골치가 아프다.

늘 그랬던 것처럼 대추나무위로 까치가 심하게 울면 식구들 중 누군가가 아팠었다고 생전의 어머니 암시의 대추나무가 아파트 창문 밖에서 사철 방안의 일들을 꼼꼼히 들여 다 본다. 밥이나 먹고 제대로 살고 있는지 혹은 가족의 생일은 잊고나 있지 않은지. 수수떡으로 송편으로 늘 곡식을 빻던 유년의 방앗간을 지키던 나무그림자로

내 삶의 언저리를 엿보고 있다.

대물낚시

외 바늘 채비에 새우를 매달고
새우처럼 움츠리고 앉아서
밤을 지새운다.

연밥도 여물어가는 못에 낚시를 드리우고
비늘 큰 고기를 낚으려 한다.

물가에 자란 수초 헤집어 벌리고
빈 망태를 담가둔다.

시간과 지워진 물속의 기억들이
한 가득 올라올 아침의 망태
고기를 잡을 생각보담은
추위 속에 견딘 밤 동안의 인내가
어여쁜 인고의 시간이었음을,

물고기 한 마리 잡지 못해도 알지만
멀어진 여자의 잎맥이 삭아가는 동안에도
물풀을 흔드는 건 물고기가 아니다.

찌를 응시하던 눈빛이거나

물안개가 젖어서 일어난 반응 이거나
한낮에 잠자리가 떠나며 남긴
흔들림일 것임을 알기에

낚시는 낚이지 않는 즐거움으로
끊임없이 나를 유혹하는 것이다.

양용직

가로등

한 자리에 오래 서서
비 오는 날 돌아가려고 한다
기다리다가 남아 있는 힘을 모아서
태우는 불빛이 빗물에 부딪혀서 흔들린다
빗물은 불빛을 식히고
불빛은 빗줄기 속으로 몸을 던진다
불빛과 빗물이 섞여서 끝없이 탈 때마다
지독한 냄새가 나고 빗소리마저 격렬하게 울린다
언제까지 타려는가
돌아가는 모습이 처연하여 불빛이 어둡다
빛들이 스러지면
어둠이 빛을 싣고 와서 유리창에 바른다
아, 번득이는 몸
몸을 버리고 나온 지고지순한 사리 알갱이들
꽃잎처럼 흘러내린 자리에
실루엣처럼 다시 한 자리에 서서
비를 청하는 사람이 보인다.

슬픈 눈을 지닌 몽돌

거제도 와현에서 걷는다
겨울 바닷길에 버스는 좀처럼 오지 않고
할머니가 뒤뚱거리며 팔자걸음으로 걸어가는 해안 길 뒤로
구조라 마을이 얼굴을 묻는다

발자국 소리는 나지 않는다
그 많던 발자국 소리를 들려주는 바람결이
멀리 해금강을 돌아와서
발을 딛는 순간마다 파도를 세우고 있다

해안 길 옆 동백나무들은
오랫동안 기다려온 바다로 떠나가고
오후 햇살이 내린 동백의 빈자리는 붉어서
할머니가 밟고 가는 길이 동백의 꽃물결처럼 일렁인다

망치마을 가까이 와서 보이지 않는 할머니의 길이
수십 년 꽃잎을 열고 닫던 동백으로 숨는다

마을 아래 해수욕장 바다 너머로 날아간 동백의 자리엔
몽돌들이 검푸른 빛으로 남아 있다
동백의 꽃 진 자리가 씻길 동안

피를 토하고 다시 문드러지는 몽돌 하나가
굽어진 해안 기슭에 동백꽃 무게로 피어 있다.

가마 곁에서 불을 쬐다

산중턱에 놓인 술상과 나는 숨을 쉬고 있고
가마의 창불구멍으로는 공기가 빨려 들어가고 있다

이미 불이었을 장작 하나가 창불구멍으로 들어가서 불이 된다
장작이 일그러진 내 얼굴을 보는 순간에
나는 불이 되어 무질서하게 돌아가는 장작의 율동을 본다

온 몸으로 불을 보내는 일이
벌겋게 익어서야 가마는 불길을 내 비친다
살창문을 타고 윗 가마로 건너가는 불이 길이고
눈빛 속으로 들어와서 불길이 이글거릴 때
가마 곁은 고요하다

달구어진 몸의 잔털들이 촉수를 내밀어 고요를 붙잡으면
봉통에서 굴뚝까지
한 생애가 격렬하게 산통을 겪으며 질러내는 소리가 고요하다

창불구멍으로 불의 탯줄이 보인다
장작 하나가 돌아간 길이며
산중턱의 흙 한 점이 깨어나는 길이고
술상 앞에서 중얼대는 사람들을 보듬어 챙기는 길이다.

봄 비린내

봄볕에 땅이 데워지고 비린내가 풍겨왔다
막 태어난 잎들의 몸에서 빠져나온
솜털 같은 엽록소들이 공중을 떠다녔다
입이나 코끝에 묻은 비린내는 몸속으로 빨려들어 왔다
조금씩 엽록소가 녹아들어 뭉글뭉글해진 몸은
아무렇게나 빗장을 풀고 속내를 흘렸다
날숨이 새파랗게 보였다
비어있던 공간으로 날숨이 삐져나와 새로운 자리를 틀었다
겨우 내내 얼어있던 자리
땅이 나무를 타고 틀어놓은 문
나무가 하늘에서 내려온 해들을 곱게 물들여서 피어내던 꽃
꽃 진 자리에 오래 앉아 봄볕에 몸을 데울 때
텅 빈 몸으로 공중에 떠서 풍문처럼 떠돌고 싶었다.

거제도에 머무는 친구에게

잘 사는가
개발지를 찾아 머문 세월
뚝딱뚝딱 건물이 솟구치는 노동판의 끝은 멀고 어지럽다

아랫녘으로 시집 한권 부친다
너의 세상이 하나 들어 있으니
아프게 노래 불러보고 싶었으나
봄볕이 어시장 난장을 다니는 사람들의 등에다
비린내를 슬어놓을 동안
버스가 차창에다 출렁이는 남해바다를 싣고 다니는 동안
낯설고 쑥스럽기만 한 시편들이
포구의 갯바람이 되고
바다를 보며 멀미나 하지 않을지

그래도 파도라는 것이
다문다문 꽃 심고 사는 펜션 여주인의 노래에 흔들리고
섬이라는 것이
바다 끝으로 가서 날아오르려는 듯 아른거릴 터이니

봄꽃이 지천으로 피고 지거든
소금바다 위를 넘나드는 갈매기의 드센 울음이나 전해주게나.

자고 일어나니

밤 새 머문 자리를 펼 때 구겨진 아버지가 일어나 방을 나간다
등 뒤로 아침 햇살을 흘린다
숨을 고른다, 숨결마다 들락거리는 아버지, 아버지를 부르는데
장농 무늬 속으로 빠져드는 햇살에 갇혀서 돌아보지 못한다

방 풍경이 몇 번 씩 머릿속으로 들어가서 논다
뇌 세포에 격자무늬가 새겨지고
격자무늬 사이로 숨었다 나타나는 아버지와 눈부시게 놀 때
혈관 속에서 여러 번 주소를 바꾼 집과 스쳐 다닌 도시 몇 개가
맥박처럼 뛰고 아버지의 아침도 뛴다?
햇살이 몰고 온 실루엣이다
햇살 뒤에 숨어서 장롱의 무늬 밖으로 걸어 나오는 어느 미래가
방안의 공기를 마시고 허파 속에 온통 지문을 찍고 나면
몰래 나는 아버지로 돌아갈 것이다?

유리창 모서리에서 오래된 아버지가 흘려놓은 낮달 하나가
수십 억 번의 윤회 끝에 나에게 오고 있으니
산다는 게 갑자기 더워진다.

봄밤

저녁 무렵 살가운 바람 불어
봄빛은 사물들을 살강살강 씹다 말고 사라졌다
사람들은 이참에 삼삼오오 거리로 나와
끄실린 마음까지 헤발리며 다녔다
희끄무레한 것들이 혀끝에서 떨어지고
사박거리며 디딘 발자국마다
어둠은 납작하게 펴졌다가
부풀어 올라 사방으로 번졌다
전등이 켜지고 밤이 도톰한 지상의 밤과
지상 위의 천길 아득한 어둠으로 나뉠 때
지상에 갇힌 불빛들이 잉잉거리며 날고 있는
어둠의 경계선을 달그락거리던 찻잔소리에 맞춰
탈그락 탈그락 넘나들었다
집들이 훌쩍 훌쩍 담을 넘었다
붕붕거리는 찻소리가 중앙선을 이탈하여
겁 없이 탈선하는 거리에서
지지거리는 네온 간판 아래에서
퍼렇고 붉게 알록거리는 얼굴들이
나지도 않는 아카시아 향내가 난다고 우겼다
봄밤 어디에도 고장 난 곳이 없었으나
헐거워진 소리들이 슬슬 어둠을 밀어가

담배를 꼬나물고 육욕의 빛을 빨았다.

콩 가는 소리

간염을 앓은 딸아이가
몇 날을 누에처럼 잠을 자고 일어나서 유기농 콩을 간다

일요일 오후에 몸 부서지는 소리가 아팠던 기억을 불러내고
들판 바람이 툭 터진 공중 창문으로 지나다닌 흔적처럼
기억이 흘러간다

콩 몸을 품고 나가는 바람을 안다
미열처럼 와서 침대 곁에서 머문 흔적이
낮과 밤의 공중에 새겨져있다

처음엔 요란한 기계소리였으나
콩 알갱이마다 몰락하는 임계점에서 터져 나오는 소리가
웅크린 몸을 잔뜩 끌어당겼다가 바르게 펴는 숨소리였다.

나, 어란 간다

땅끝마을 지나 구릉에 얹혀서 어란 간다
양식장의 흰 부표들도 봇짐을 꾸려 먼 바다로 가고
해안도로에서 자전거를 타고 가는 소년들이
차르르 바퀴살을 굴리며 간다

어란 가는 길은 몸을 구릉에 띄워야 한다
두둥실 떠가다가 한적한 산정마을 삼거리에 닿으면
멀리 달마산 바위들이 내려와
눈부신 반사광이 날아오는 서해를 가리킨다
어란 길 들녘에는
겨울 마늘밭 푸른 두렁 옆으로 외길이 지나가고
등 굽은 초로의 농부와 해남의 갈대들도 어란 간다

어란 가서 우체국에 들릴까
어란의 소식 한 구절쯤 세상에 적어 보낼까
마실 나온 이불도의 섬 아가씨를 만나면
향긋한 난초꽃이 피어날라나
그립다 그리워서 어란은 담장을 낮췄을라나
담장 너머 코끝 아리도록 갯 향기 날아들 때
서해 밑둥으로 고기 집을 지으러 나, 어란 간다.

*어란 : 魚蘭.

뒷모습

멀리까지 눈 배웅할 때
등 뒤에 움막집 한 채가 매달려 가네
굽어질 듯 꽉 붙어살기도 하고
아득한 벼랑으로 한 생애를 밀어낼 듯 살고 있네

뼈마디가 허물어지던 밤도 보이네
바르게만 서기 위해 훌쩍이던 나이를 품은 시절이
조금씩 굽은 척추를 지녔을 때
한 생애가 아득한 벼랑이 아니었음을 알았네

멀리 혼자 가는 등이 내 등을 당기고 있네
멀뚱멀뚱 끌려가는 내 뒷면에도
수천의 사내들이 부려놓은 세상이 보이고
다시 수천의 사내들이 지나갈 벼랑이 보이네.

최정란

훌라후프

푸른 갈기가 어둠을 도려낸다
빙글빙글 사춘기를 축으로 돌아가는
달무리

욱신거리는 검은 울음에 발이 젖는다

허리를 감고 돌아가면
척추뼈의 캄캄한 무게가
목뼈를 따라 돌아가면
헐떡거리며 내뱉은 날숨이
축이 되는,
팔을 뻗친 손가락 끝에서
회오리치는 먼 허공,

붉은 꽃이 꿰뚫고 지나간다

영혼의 꼬리뼈 관절이 굳기 전에
겪어야 하는 성장통
태풍의 뜨거운 눈을 들여다보듯
고요한 통과의례

오래 전에 누구의 완강한 축이었을까

허공을 축으로 한없이 돌고 있는
그는,
꽉 찬 적막의 가슴 둥글게 파내는
그는,

엄마 생각

무슨 멋이라고
검은 옷을 사 들이던
스물서너 살
오랜 병석에 누우셨던 엄마
내가 산 옷을 보시고

— 잠자리 날개 같이 가볍고
  색깔 있는 옷이 좋지 않니?
— 이게 고상하잖아?
— 고상하다 못해 괴상하다

잠자리 날개 같은
명주 옷 입혀 드렸는데
엄마,
오래도 누워 있다

항해

어떤 큰 파도가
저 배를 여기까지 밀어 올렸을까

항로를 이탈한
배 한 척
산 중턱에 걸려있다

서풍이 불면 출항이다
두고 온 수평선을 향해
두근거리며 팽팽해지는 돛,
바람을 타고
이 큰 암초를 벗어나야지

나침반이 작동하지 않는 레이더 판
치명적인 한 지점

압정에 꽂힌 항해

다시금 아무 곳에도 닿지 못하는,
밥만 먹고 하선하는,
쓸쓸한,

외줄타기

수평선 위에 올라선다
양손에 합죽선을 펼쳐 든다
하얀 버선발로 줄을 가지고 논다

혼자 하는 놀이로 외줄타기만한 것이 있을까
천길 낭떠러지 아래 푸른 심연을 준비해두고
한 방향으로 일관된 몰입,
수직을 전제로 울렁거리는 수평, 아슬아슬하다

바다에 갈 때마다 수평선 위에 서지만
한번도 줄 끝까지 도착한 적 없다
태풍이 닥치고 해일이 덮치고 삼각파도가 너울거린다
이력이 쌓이면 사뿐사뿐 저 물 위를 걸을 수 있을까
단숨에 수평선 반대편 끝에
새끼발가락이 닿는 순간도 있을까

오늘은 어제 줄을 내렸던 자리에서 출발한다
외나무다리의 원수처럼 줄을 막고 서는 강박,
언제쯤이면 불온한 암시의 덫을 만나지 않고 끝까지
적막만 딛으며 고요히 갈 수 있을까

휘청거리는 몸 밖으로 숨을 몰아쉰다
혹등고래처럼 불룩 튀어나오는 슬픔,
물 위에서 보낸 한 나절이
출렁거리는 한 평생 같기도 하고 찰나의 팽팽한
꿈같기도 하다

거미여인

흘러내리는 돋보기를 콧등으로 밀어올린다
걸리는 것은 무엇이나 거미줄이 되고 마는
아라크네의 손끝,
평생을 새어나간 한숨 몇 점 묻어있다
백년 동안 집을 짰지만 머리가 하얗게 되도록
방심한 바람 한 줄기 머물지 않는 그물
한 코를 주워올려 한 귀로 흘린다
더 이상 완성을 바라지 않는 건축
초석에서 기둥으로 벽으로
짰다가는 풀고 풀었다가는 다시 짜고
시지프스의 바윗돌에 발등이 찍힌다
어제는 만원에 여섯 장짜리 시디를 파는 남자를
대바늘에 걸어올렸고
오늘은 어제 떠올린 흘러간 팝송을 풀어냈다
꼬불꼬불하게 풀린 노래로 내일은
지하철 일호선과 이호선이 교차하는
동굴과 동굴 사이, 방을 들이고 문틀을 세워야지
무수히 많은 그물이, 따로 또 같이 연결된
선을 끌어와 면을 펴고 면을 올려 공간을 세운,
한 올이 풀리면 나머지 올들이 줄줄이
풀려 내려가는 빈 둥지, 거미여인의 입술

열쇠

몇 달이나 지났을까
철지나 옷장 속에 걸어둔 바지
오른쪽 주머니에서 만져지는
열쇠 하나

얼음 얼고 눈 내리는 지난 계절 동안
무엇을 잠그고 잊혀졌을까
함부로 열어젖힌 시간을 반성하며
이 순간을 기다렸을까

닫힌 것들에 하나씩 열쇠를 넣어본다
작은 말다툼에 닫힌 전화번호에,
바쁘다 핑계에 못 만난 무심함에,
찬바람 휑 하게 돌아선 뒷모습에,

익지도 않은 청매실 눈 번히 뜨고
다 도둑맞은 뒤
겨우내 마음 닫았던 매화나무

누가 수천 개의 열쇠를 동시에 들이미는지
딸깍 딸깍, 매화꽃 열리는 소리,

환하다

우산

햇볕에 등을 말리고 있다
비가 떠받치고 있던 궁륭의 눈썹 밑
젖은 근심이 증발한다
날마다 맑은 날이면
가슴 밑바닥까지 타들어가는 가뭄일거야
푸른 하늘 등짝 붉게 쩍쩍 갈라질거야
싹트지 못한 씨앗들
먼지로 풀풀 날아다니는 사막
바다를 덮을 거야
구름보다 먼저 욱신거려오는 무릎뼈
저기압의 저린 발목
움켜쥔 손아귀 뿌리치고
둥근 날개 팽팽히 펴서
바람 속으로 훠어이 훠어이
날아갈 수도 있지만
어긋나며 스쳐가던 인연까지 젖지 말라고
빗방울 부딪히는 어깨를
날개 밑에 모아주던 우산
늑골이 불거진 등을 지지고 있다
아무리 잘 말려도 얼룩이 남는
등, 둥글게 휜다

비 오는 날만 날갯죽지를 펴는 새가 있다
제 등에 얼룩을 받으려고
제 날개 뼈에 그림자를 새기려고

송다

강의 지류라는 이름을 가진,

낯선 이국 남자와
선본지 사흘 만에 결혼한 여자
남자에게서 도망친 여자
도시의 그늘 속으로 숨어든 여자
곁을 주지 않는 고양이 여자
쌀국수 같은 여자
겁먹은 둥근 눈 안에 열대우림을 가진 여자
이마에 달빛이 불법체류하는 여자
생의 변두리에서
웃음을 전염시키는 여자
등 뒤에서 안아도 가슴으로 범람하는 여자
강물 속으로 깊어지는 여자
마침내 바다가 되는 여자

옆집 상이군인이 평생 못 잊어
술만 마시면 고래고래 목 메이게 부르던
아오자이 꽁까이, 머나 먼 송다

베트남 아가씨

반환점

어떤 바다거북은
삼십오 년 동안 헤엄쳐 가서 다시
삼십오 년 동안 헤엄쳐 돌아와 생을 끝낸다

떠났다가 돌아오는 단 한 번의 왕복
그것이 일생일 수 있다면
가던 방향을 미련 없이 버리고 돌아서야 하는
반환점은
대양의 물결 속 어디쯤일까

두께가 나날이 얇아져가는 지느러미를
추스를 겨를도 없이
어디가 반환점인지, 금지된 수역인지
물빛을 살피지 못하고 파도에 떠밀려 허우적거리다
문득 정신을 차리면
여기가 어디일까,
붉은 해일에 숨이 막힌다

한 번 큰 물결을 타면 멀리,
아주 멀리 가고 싶어 질까봐 아주,
돌아오고 싶지 않을까봐

앞을 막아서는 노을을 물리치며

허겁지겁 서둘러 아침에 떠났던 집으로
백 번도 넘게 돌아오는 저녁

물 水자를 베고 자는 잠

한밤중에 일어나
파란 모나미 볼펜으로 물 水자를 쓴다

늘 목이 마르고
이따금씩 물속으로 걸어 들어가고 싶었다

사주에 불이 많아
물가에 가서 살거나 물하고 친해져야 한다고

백년만의 폭설이
하늘을 떠돌던 물을 미리 당겨 써서
가뭄이 닥칠 거라고

손바닥 만한 종이에 담긴 물 水자는
찔레꽃을 띄우고
베개 밑을 지나
건조한 운명 속으로 흘러들어간다

물기를 앞당겨 말려버린 불기둥은
어디로 더 많은 비구름을 몰아갔을까

물 水자를 베고 자는 밤이 많아졌다
내가 나와 상극하면서
물과 불이 상생하면서

붉나무, 단풍

이제 그만 데려 가겠다고
과년하도록 옆에 두지 않았냐고,
아직 때가 되지 않았다고
미처 초경도 시작하지 않았다고,

가자고 재촉하는 바람과
못 보낸다고 뿌리를 잡는 나무
사이에서

언제 나무의 손을 놓고
바람의 손을 잡아야 할지
난처해진 잎은
산불을 얹은 듯 얼굴이 화닥거렸지만

개울 물소리에 비친
제 그림자까지
하룻밤 사이에 이렇게
붉어질 줄은 정말 몰랐습니다

정진명

줄넘기 1

빨리 도는 줄은
비닐막을 만든다.

내가 돌리는 건 아니지만
내가 돌리지 않는 것도 아닌,
누구나 그 막을 쓰고 돌아다닌다.

줄의 빠르기에 따라 빛깔이 달라진다.
몸의 움직임에 따라 모양이 달라진다.

눕고, 앉고, 서고, 걷고, 뛰면
커졌다, 작아졌다, 찌그러졌다, 펴졌다
한 순간도 머물지 않는 모양이 된다.

어쩌다 남의 막과 맞닥뜨리면
파르르 쇳소리를 낸다.
부딪힌 줄의 진동이 짧아지면서 내는 파열음.
줄이 멎으면 주검이 남는
투명한 막 속에 사람이 있다.

비닐을 만든 끈의 양쪽은

남과 죽음에 매여 있다.

줄넘기 2

비눗물에 특수한 액체를 섞으면
거품 방울은 한없이 커진다.
수명은 한정돼있지만
크기는 한량없어
뱃속의 태반을 거품방울처럼 부풀리고
그 안으로 숨는다.
어떤 상황에서는 쉽게 터져버리기도 하지만
또 모질기도 한 그것,
줄의 진동수에 따라
영롱한 빛을 띠며 거품방울은 부푼다.
독특한 빛의 운무에 누구나 감탄한다.
이 방과 저 방은 차원이 달라
서로 겹칠 수 없지만
때로 두 방울이 합쳐져 몇 곱절로 커지기도 한다.
단, 진동수가 같을 경우이다. 그렇지 않으면
터지는 위험을 감수해야 한다.
그와 동시에 한 세계도 사라진다.
그러기에 한 곳에서 숨쉬면서도
서로 겹치지 않는 비닐을 만드는
신기한 줄넘기.
그 많고 다양한 것이 오직

한 가닥 줄로 돼 있음을 아는 이는 거의 없다.
사람이 간다.
비닐이 따라간다.

줄넘기 3

줄 없는 줄넘기를 하는 이가 있다.
양쪽 끝을 한 몫에 쥘 때
비로소 줄 밖에서 줄넘기 한다.

줄 없는 줄넘기라 해도
무엇이 달라지는 것은 아니어서
여전히 줄은 돌며 소리를 낸다.
다만 줄이 만드는 비닐은 극도로 고요해지며
평평한 거울이 되어
거기에 이르는 모든 것을 말없이 되비친다.
빨라지면서 회전방향이 몇 차례 바뀌는 프로펠러처럼
속은 비었지만
어떤 것도 뚫지 못하는 금강의 세기를 갖는다.

이런 줄넘기를 하여
생의 딱딱한 등껍질을 벗어버린 자라도 있다.
아가미를 벗어버린 이스라엘 잉어도 있다.
비늘을 벗고 천 길 폭포를 솟아오른 용도 있다.

가만히 있어도 온 세상이 이런 이를 경배한다.
그의 혀는 한없이 길어져 지구를 칭칭 감고도 남는다.

이빨 틈에서는 눈부신 빛이 나와 온 세상을 환하게 한다.

자신의 줄을 벗음으로 하여
온 세상이 저와 함께 줄넘기를 한다.
줄 밖에서 온 우주와 함께
신나는 줄넘기를 하는 이가 있다.

줄넘기 4

줄넘기의 줄을 한없이 줄이면
미립자가 된다.
인공위성에서 지표면의 개미를 좇듯
몸속 깊이 자꾸 파고들면
마지막에서 만나는 단단한 꿈의 원소.
그 파동이 원자를 만들고,
흙을 만들고
공기를 만들고
진공을 만들어
거기에 훅!
하고 꿈을 불어넣는다.
거품의 거품을 향해 스러지고 피는 거품방울 표면에
오색 무지갯빛 꿈이 서린다.
그 꿈의 집합이 공기이고, 산이고, 들이고, 하늘이고, 구름이고,
바람이고, 사랑과 사람과 삶이다.
그 꿈의 임자는 사람이 아니다.
사람은 아니지만 사람 속에 있어
머나먼 은하계 밖에서도 반응하는
또 다른 영혼의 짝별이다.
고요한 밤이면 첨성대의 물거울에
그 별이 나타난다.

우주를 거느리고.

줄넘기 6

소금쟁이가 물 위에서 줄넘기한다.
중력이 일으켜놓은 종단면의 세상에
자신을 빠뜨리지 않기 위해
횡단면으로 줄넘기를 한다.

줄넘기를 멈추는 순간
종단면의 검은 구멍 속으로 빠진다.

호수 위에 줄넘기의 흔적을 남기며 사라진 사람은
아차! 싶은 순간에 줄이 꼬인 것이다.
이들이 놓친 줄이 지푸라기가 되어
애달픈 사람들의 목숨을 떠받친다.

가로로 세로에 대응하기 위하여
발끝마다 설피 같은 줄넘기를 만들며
소금쟁이가 중력의 바다를 건넌다.

그 바다 너머에 더는 줄넘기를 낳지 않는
고요한 세계가 있다.
거기에 닿기 위해
소금쟁이는 그 입구까지 줄넘기한다.

오색빛깔 서리는 아름다운
줄넘기를 한다.

줄넘기 7

혼자가 아니라 여럿이 해야 하는 줄넘기도 있다.
그럴 때는 줄의 양쪽을 누군가에게 맡겨야 한다.
언제든지 줄을 놓을 수 있는 이에게 그 줄의 끝을 맡기고도
여럿이 함께 하는 즐거운 줄넘기.

딸아이가 줄이 만드는 돔 속으로 들어온다.
아들과 아내가 뒤이어 들어오고
앞집의 귀여운 민화도 들어온다.
옆집 아저씨가 들어오고
무뚝뚝한 뒷집 아저씨도 들어온다.

바큇살이 지워진 자전거 위에서 고개를 돌려 신기한 듯 바라보는 머리 허연 할아버지도 들어오고
인사를 잘 안 받는 건넛집 할머니도 힐끔힐끔 들어온다.
짝짝 씹히는 껌 사이로 침을 찍 뱉는 불량스런 교복도 들어오고
미끈한 아가씨 따라 살랑이는 봄바람도 들어오고
봄바람에게 속치마를 슬쩍 들킨 윤나는 감잎도 들어오고
목이 놋쟁반처럼 무거워진 해바라기도 들어온다.

내가 잠 속으로 돌아갈 때까지
신나게 돌아가는 여럿 줄넘기.

내가 돌아간 뒤에도 여전히 돌며
꿈속까지 따라와 돔을 만드는
신나는 줄넘기.
여럿 줄넘기.

줄넘기 8

아내가 줄넘기를 한다.
스치는 발바닥으로 줄을 넘기며
사라진 줄이 만드는 둥근 공간 속에서 활짝 웃는다.

하나, 두울, 세엣, 네엣 박자를 겨누다가
잠시 열린 줄의 틈으로
딸아이가 뛰어든다.
엄마의 방 속에서 엄마와 함께 뛰는
딸아이의 머리채가 구름 높이 출렁인다.
환한 하늘이 이마로 내려온다.
엄마와 마주했다, 뒤로 돌아섰다,
방향을 바꾸며 솟을 때마다
줄 안의 공간도 덩달아 환해진다.
아내와 딸이 하는 한 박자 줄넘기.

박자가 드러낸 줄 틈으로
아이가 재빨리 뛰쳐나오고
통통 튀는 방 속에 아내 혼자 남아있다.
아들아이도 박자로 줄의 틈을 열고 들어간다.
등이 굽은 할머니도 들어갔다 나온다.
줄과 줄 사이의 엇박자가

온 가족을 토하고 뱉는 줄넘기.

나도 그 줄 속으로 들어가 본다.
아내의 숨결이 얼굴에 닿는다.
오랜만에 맞춰보는 경쾌한 박자에
몸속 깊이 잠든 율동이 파도처럼 인다.
아내의 줄이 만든 작은 방 속에서
온 세상이 함께 뛴다.

아내의 방에서 빠져나간 아이들이
아내한테 배운 박자로 저만의 줄넘기를 한다.
하하호호 웃으며 작은 방의 빛 송이를 끌고
제 갈 길로 멀어져간다.

줄넘기 9

줄이 돈다. 타다닥
바닥을 튀기며
일력이 넘어가듯
줄이 돌아간다.

한 바퀴 돌 때마다
줄은 한 번씩 방을 만들지만,
뜯겨난 일력처럼
방이란 방은 각각의 방.
그 안에서 뛰는 사람도
방마다 다른 사람이다.
방과 방을 잇는 것은 방주인의 욕심.
타다닥 튀는 방을 이어도
방도 다르고 주인도 달라
그곳이 스스로 완벽한 세상이다.
오직 그곳에서만 세상은 거울처럼 빛나고
오직 그럴 때에만
날마다 좋은 날.
그러거나 말거나
날마다 좋은 날.
달이 차기 전에도

날마다 좋은 날.
보름달이 기울어도
날마다 좋은 날.

줄이 돈다.
함부로 건드릴 수 없고
건드려서도 안 되는 저 방 속에
한 세상이 깃들어 있다.
투명한 그 세상을 끌고
세상 밖으로 걸어간다.

삶과 죽음이 손을 놓을 때까지
끝나지 않는
줄넘기.

줄넘기 10

팽팽해진 줄의 방 안에는
소리가 산다.

방의 길이와 높이에 따라
궁 상 각 치 우랄지
도 레 미 파 솔 라 시 도랄지 하는
각양각색의 소리들이 모여 산다.

활에게 등을 긁히는 줄들이 일제히 줄넘기하며
제 방 속의 게으른 소리들을 내다쫓는다.

허공으로 쫓겨난 소리들이
곳곳에 뚫려 있는 구멍으로 들어간다.
그 구멍 속에는 과녁이 있고
그곳 한 복판에 문신을 넣는다.

손끝이 점지하는 대로 방의 길이를 바꾸며
소리들을 끊임없이 쫓아낸다.
안착할 곳을 찾아서 꼬리를 물고 달아나는 소리들이
구멍 속의 과녁에다 음악을 짠다.

론도, 바레이션, 캐논, 소나타,
잊혀지지 않는 문양이
영혼의 창에 걸려 있어
그 소리를 들으면 가슴 속 문종이가
풍지를 울리며 은은한 빛을 낸다.

줄넘기 11

소리의 방이 가오리처럼 납작해지면
섬뜩한 흉기가 된다.

한껏 구부려진 활 안의 납작 방에서는
소리를 속으로 삼킨
화살이 튀어나간다.

쇠뇌 위에 놓인 마름모꼴 방을
화살로 옮겨 회전시킴으로써
죽음의 거리는 더욱 좁아진다.

허공을 찢는 여운 끝에서
밥이 나오고
나라가 나오고
신화가 나오고
세상이 나온다.
단,

시위를 퉁기는 것만으로도
10보 밖의 촛불을 끌 만한 실력이 되어야 할 것.

이 시위를 총구 속으로 옮겨갈 때
줄넘기는 새 차원을 연다.
그 차원의 끝 방에서 아름다운 버섯구름을 피우기까지
줄의 속도는 점점 빨라진다.

줄넘기의 진화는 끝이 없다.

류정환

플라타너스처럼 3

그는 지금
죽음과도 같은 겨울을 견디고 있다.

깊은 사랑에 덴 상처를 자꾸 건드리는
그리움의 통증을 참을 수 없어

화닥닥 웃옷을 벗어 던지고 뛰쳐나와
맨몸으로 서서 바람을 맞고 있다.

— 살을 엘 듯 달려드는 삭풍이여, 서둘러라.
　서둘러서 아직도 더운 몸을 식혀 다오.

격렬했던 여름날의 기억으로 몸서리를 치느라
하얗게 마른 입술이 떨릴 때마다
웅웅 신음 같은 울음이 터져 나오는데

불길이 지나간 온몸에 딱지가 앉아
다시 단단한 껍질이 될 때까지
사랑이여, 다시 눈을 뜨지 말라고
어둠이 내리는 거리에 박힌 듯 서서
죽음과도 같은 겨울을 견디고 있다.

만추晩秋

- 다녀올게요. 아버지.
- 멀고 험한 길이다. 몸조심 하여라.
- 이깟 몸이야 아무려면 어때요?
- 몸이 없으면 뿌리도 그만이다.
- 긴 얘기 할 시간 없어요. 벌써 날이 차가워졌는데.
- 돌아오지 않을 생각이란 걸 안다.
- 사월이 지나도록 돌아오지 않으면 더 기다리지 마세요.
- 난 언제나, 죽을 때까지 여기 있을 거다.
- 전 그게 싫어요! 그 좀처럼 움직이지 않는 뿌리가.
- 그 맘 이해한다. 한때 나도 그랬으니까.
- 전 절대 아버지의 그늘에서는 살고 싶지 않아요.
- 그렇겠지. 네게 더 해줄 게 없어 미안하구나.
- 마음 쓰실 거 없어요. 어차피 기대도 안 했으니까.
- 돌아오지 못하더라도 곧게 살아라. 일생이 구부정하면 못 쓴다. 볼품도 없고.
- 글쎄요. 전 자유롭고 다른 인생을 살아보고 싶어요.
- 한번 굽으면 펴기 쉽지 않은 게 우리 삶이란 걸 명심해라.
- 아버지 등도 아주 반듯하진 않은데요.
- 너희들을 가꾼 것이 내 삶의 전부인데, 그마저도 벅찼던 모양이다.
- ……. 갈게요.

- 날 저물고 쉴 곳이 마땅찮으면 낙엽 속에 들어라. 일족一族이니 박대하진 않을 게다.
- 괜히 신세지고 싶지 않아요.
- 어서 가거라. 너의 혈기가 너를 끝내 지켜주었으면 좋겠구나.

낮달

삭풍이 옷깃을 물어뜯는
십이월 오후, 아차하면 곧 저녁인데
말간 낮달이 홀로
길을 나섰네.

서산 너머 마을에
문상問喪을 가시는지
다 늦게 휘적휘적 길을 나섰네.

부음이 아무래도 믿기지 않아
넋을 놓고 앉아 있는지
서둘러 길을 나서 놓고도
해 지길 기다리는지
산마루에 걸터앉아
일어설 줄 모르네.

어차피 하룻길
허망한 인생
종종거릴 것 없다고
겨울 해 짧은 걸
낸들 몰라서 이러겠냐고

구시렁구시렁 일어설 줄 모르네.

북한산 고사리

저녁 밥상에 올라온 북한산 고사리 무침 한 접시-- 어느 산기슭에서 조석으로 이슬을 마시고 살다가 꺾여 와 어느 촌로의 집 마당 햇볕에 말렸는지 검붉은 몸을 삶고 건져내어 전라도 어느 섬에서 났다는 소금과 조선간장의 묵은 마음으로 간을 맞추고 보은에서 농사짓는 친구가 보내온 참기름을 두르고 단양에서 왔다는 마늘이며 파를 다져 넣고 제천이 고향인 아내의 손끝으로 조물조물 무쳐 달달 볶은 다음 깨소금 솔솔 뿌려 담아 놓은 북한산 고사리 무침 한 접시

맛있구나, 한 세상!

온정리

잘 있어라, 말도 못 하고
나는 가더라도 부디 잘 있어라.
차창으로 녹슨 몸을 이끌고
가는 곳마다 질금질금 따라오던 철길아.
적막해서 무섭고 쓸쓸한 비무장지대야.
내 어릴 적 까까머리 모양 수줍은 민둥산아.
손질하지 않은 머리칼처럼 어지럽게 자라나
철조망 사이로 내다보던 억새야.
낯선 발길을 애써 받아주던 흙들아.
잘 있어라. 기어이 잘 있어라.
꽃샘바람 속에 붉은 깃발을 들고
쓸쓸하게 바라보던 작달막한 군복,
무표정한 얼굴로 내 얼굴을 흘깃 보고는
증명서에 스탬프를 찍어주던 군복아.
멀리 마을 앞을 달려가는 꼬마들아,
어쩌다 길에서 눈을 마주쳤던 어린 것들아.
붓으로 그린 호수처럼 얌전하던 장전항아.
어디서든 고개만 들면 멀리 서서 돌아보던 금강산아.
백년을 기다린 여인처럼 반기며 길을 열어주던 금강송金剛松들아.
옥류동아, 연주담아, 구룡연아……

너희들을 어떻게 불러야 할지 몰라
나는 내내 허둥대었다.
겨우 말문이 떨어질 법하자 나는 돌아간다.
오, 이름을 모른대도 굳이 탓하지 않을 것 같은
사람들아, 나무들아, 바위들아
기어이, 기어이 잘 있어라.

* 온정리 : 북측 행정구역인 강원도 고성군의 마을. 현대아산의 금강산관광 사업의 거점이 된 곳이다.

혀를 깨물다

늦은 저녁을 먹다가 한 순간
혀를 되게 깨물었다.
살점이 뜯겨 나간 자리에 하얗게 꽃이 피고
화끈화끈 벌들이 들끓었다.

살이 되고 뼈가 되어 삶을 지탱해주던
한 숟가락의 밥과
김치, 풋고추, 나물 따위들이 뒤섞여
나를 찌른다.

먹는 일이 지옥의 일이었구나.
살아서는 마칠 수 없는 형벌이었구나.

제 살을 씹는 줄도 모르고
입을 놀리며 살아온 세월이
이리도 끔찍하게 아프다.

팔월, 하고 싶은

하-고-싶-다-

팔월 산에 드니
매미들, 죽겠다고 아우성을 친다.
우화한 지 벌써 사나흘,
남은 소리가 얼마 남지 않았다고
다시 침묵의 세월이 닥친다고
저 수컷들, 몸이 달아 소리소리 지른다.

여름 숲에 들면 나도
무작정 하고 싶다.
긴긴 여름날을 지칠 줄 모르고
몸으로 필생의 연서戀書를 써 날리는 매미들,
내게 남은 날은 얼마인가

생각이 많을수록 바튼 숨을 다스리기 어려워
현기증 나는 몸이라도 일으켜
무작정, 무작정 하고 싶다.

물글씨의 노래

꿈같이 지나온 내 지난날도
저렇게 흩어지리.

상하이上海 루쉰魯迅공원에 물끄러미 서서 중얼거렸네.
시멘트 바닥에 글씨를 쓰는 허름한 사내,
굵은 붓을 들고 먹 대신 물을 찍어 글씨를 쓰는 사내,
허리 굽혀 한 줄 쓰고 허리 한 번 펴기를 거듭하는 사내 곁에서
나 또한 누군가 써 놓은 물글씨,
날아갈 듯 자태를 뽐내다가
시나브로 말라 흔적도 없이 사라지는 물글씨.

일필휘지로 달려왔구나,
줄줄이 내려쓴 글씨의 운명이여.
무수한 눈길을 붙들어 둔 세월이 적지 않았다만
덧없는 발길들 잠깐 머물다 간 후엔
가뭇없이 잊혀지리.
그렇고 그런 뒷얘기마저 흩어지고
젖은 몸을 받아주던 땅바닥은
여전히 묵묵하여 모르는 척 말이 없으리.

꿈같이 지나온 내 지난날도

저렇게 지워지리.

* 물글씨 : 먹 대신 물을 찍어 땅바닥에 쓰는 글씨. 지서地書라고 한다.

* 루쉰공원 : 옛 홍커우虹口공원.

김영범

오후의 놀이터

공공근로 아저씨들이 다녀간 후
메타 가지가 짧아졌다.
해도 덩달아 짧아졌다.
한 노인이 잘린 가지 줄기를 비빈다.
하얀 각질이 벗겨졌다.
그날 이후 메타 아래에서 오랜 시간을 보냈다.
골이 깊게 패여 있고
언젠가 물 흘렀던 자국처럼
흔적이 선명하다.
껍질을 하나하나 벗겨낸다.
가는 국수가닥처럼 수북이 쌓이는 각질
뜬금없이 비가 오길 기다린다.
나무도 오래되면 뼈마디가 쑤시는지
잘려나간 가지 끝마다
신경통을 알고 있는 백발의 먼지들

날이 저문다. 오후의 놀이터
노인정 벽에 걸린 정지된 시계처럼 하루에 두 번씩 시선이 멈추는 곳

'내일은 비가 오려나'

남당리

바다가 내어준 길을 따라
허락된 만큼 다다랐을 때
톡톡,
아낙이 굴을 따고 있었다.
그 길 끝으로
작은 암초가 검붉은 버섯처럼
빛났다 사라졌다.

물속으로 길을 내고 있는
남당항
겨우내 노닐던 새 한 마리
천수만 길에 막혀
하얀 조개 속살로 피었다는
전설을 메우고 있었다.

작업은 늘 은밀하게 진행되었고
비밀을 아는 몇몇은
물이 발목까지 차오를 때를 기다려
뭍으로 향하고
새조개 한 접시로
그 날의 영웅담을 마무리했다.

갈 수 없는 곳으로
길이 놓이고
날아오르지 못한 새는
전설처럼 섬을 품고 있었다.

그 곳에 섬이 있었다.

김씨의 발견

이른 새벽 새 한 마리 날아와 잔가지 끝에 앉았다.

날아갔다.

아파트 공사장 입구에 도착, 의자에 앉아 사진을 찍고 출근부에 서명, 공중으로 난 길을 가기 위한 통과의례처럼 하루는 시작된다.

투덜거리는 곤두라는 지상부의 모든 것을 상승시키고 누군가의 살림살이 놓일 곳마다 마무리 공사가 한창이다 넓은 거실과 방방마다 딸려있는 화장실, 잔치 상이라도 펼칠만한 부엌과 베란다.

이런 곳이라면 새 한 마리 날려 소원 빌어도 되겠다.
창도 없고 난간도 없는 허공에 선 김씨,

위에서 내려다본 세상은 개미 똥구멍만해서 망원경이나 현미경 없이는 볼 수 없으니 하느님은 눈도 좋아라.

한 점 바람에 나부끼는 김씨의 발견

저 길 가고 싶다

증평에서 괴산 간 도로가 확포장 되면서
채 허물 벋지 못한 뱀처럼
구불구불 가던 길, 이제
눈 가리고 외줄 타는 광대의 곡예처럼 위태롭다.
애초에 사람이 길을 만들고
누군가는 그 길을 가겠지만
시간보다 빨라지는 속도의 출근길은
샛길을 허락하지 않았고
차츰 사물들이 무뎌져 갔다.

그때마다 다리 하나를 잘라 허공에 던졌다.
편안함과 안락이라는 터널을 지나
오장육보를 떼어내어 그들을 안심시키는 일
그러나 누구에게도 비밀을 이야기 하지 않았다.
길이 포장되듯 저마다 가면을 쓰면서
하루분의 땟거리는 완성되는 것이다.

저녁이 되면 아무렇지 않은 듯
다시 자본의 터널을 지나
저무는 세상에 몸을 던지지만
가끔 안개처럼 펼쳐진 저 길 끝

미처 깨닫지 못한 봉분封墳같은 집들을 지나자
다리가 저려왔다.

너무 오래 절름거리며 살았다.

매표원 딱새 부부

2평 남짓 매표소 처마에 관사를 얻고
직업을 얻었다.
계곡과 산에 오는 사람들에게
돈을 받고 표를 내미는 일
몇몇은 거부권을 행사했고
몇몇은 돌아갔다.

며칠 후 어미가 알을 품기 시작했다.
그 만큼 아비는 바빠졌다
폐기물을 실은 버스가 지나 갈 때마다
곱지 않은 시선이 오갔고
둥지 속 알들이 흔들렸다.

곧 가장은 퇴출당할 것이다.
그들의 섭리를 안다고
새끼가 부화해서 온전히 날 수 있기를
날아서 재 몫의 생生 다 할 수 있기를
애원 할 것이다
'날 수 있는 자유를 보장하라'
처럼,

바람이 먼 산에서 매운바람을 몰고 온 오후
배설물 한 덩어리 물고 어미 새 날아간다.

일지반해一指半解

아파트 관리실 옆으로 자목련 한 그루 서 있었요.
처음 이사 올 때만해도 앙상한 가지 빛바랜 담처럼 서 있더니
짙은 황사 지나고 비 몇 번 내린 뒤 꽃망울 하나 둘 올라오기 시작했었요.
꽃망울 점점 커져 아기 머리통 만하게 됐는데
무심히 봄이 왔구나 생각했지요.
봄이 오면 꽃 피는 것은 인지상정 아닌가요.
어느 밤 베란다 창을 열고 내려다보는데
자목련 연등, 하늘 향해 합장하고 있는 것이에요.
희디흰 속살로 배설하기에만 급급한 작은 구멍들을 환히 비추고 있는 거예요.
연꽃을 닮아 목련이 되었다지만
내 있는 곳이
연화대좌인 줄 모르고 살았었요.

밤마다 쓰고 지운 말들 참 불경不經스러운 봄, 밤이에요.

봄, 갈은葛隱 아이들

온 통 산뿐인 나라에서는
자동차를 몰고 한 두 시간 가면
다 산골이다
저 강원도 골짜기가 아니어도
어릴 적 머루 따먹고
칡뿌리 캐먹던 고향이다.

괴산댐을 지나 산모퉁이를 끼고 난 길
깊고 맑은 계곡에 닿으면
씨알 굵은 칡뿌리 구불구불 돌아누워 있다.
산비탈 일군 밭에선 누렁 소가 쟁기를 끌고
막걸리 한 주전자 들고 세참 내가던
어린 냉이 꽃 같은 누이가 있다.
자갈자갈 흐르는 물소리 따라
겨우내 얼었던 감장 고무신 신고
들로 산으로 뛰어 다니는
봄, 갈은 아이들이 있다.

다 커버린 내가 있다.

노란 가방 나들이

뒤뚱 뒤뚱 아기 걸음이
어린 사우루스 같다.

직립보행의 위대한 발견이라도 한 듯
돌 갓 지난 아기를
놀이방에 맞기고
어미는 남몰래 운다.

아기는 아는지 모르는지
노란 가방 등에 메고
'비가 오나 눈이 오나 바람이 부나'
무엇이 그리 애절한지
몇 평 되지 않는 살림살이가 싫다는 듯
때를 쓰며 운다.

가방에 들은 것 해봤자
갈아입을 옷 몇 벌, 기저귀 몇 개
등에 땀나도록 벗지 않는 저 간절함이란
앞으로 저 안에
얼마나 많은 꿈과 실련 들을 담아야 할까.

뒤에서 보면 가방 위로 얼굴과
가방 아래로 다리만 부산이 움직이는
18개월 아기의 노란 가방 나들이

아기의 몸을 씻기며

내 몸은 수 십 개의 흑점으로 이루어져 있다.
언제부터 흑점의 활동이 활발해 졌을까
불규칙적인 회전운동 때문 일거라고
몸 구석구석을 씻어내시던 어머니
가마솥에 군불지피고 김 모락모락 나는 물 퍼 담아
그 손길 스쳐 지나갈 때 마다
물은 파도를 일으켰고 해일이 되어 온 몸을 덮쳤다.

어머니의 힘이 나를 회전 시킨 것일까
막차를 타고 산그늘에 고향을 묻고 떠나오던 날
멀리 풍경을 이루던 달무리 같던 점, 점,
그 후로 불어난 물살 도랑을 휘몰아치듯
흑점의 활동도 빠르게 변해갔다.

아기는 신기한 듯 내 몸의 점을 만지작거린다.
수많은 점들 중에서 유난히 크고 선명한
심장 위의 점,
아직 정해진 항로를 벗어나지 않았지만
살다보면 삶에도 딱지가 생긴다고
희디흰 아기의 몸을 닦으며

뜨거운 태양의 티눈을 가진 아기야
너의 고향은 저 멀고 먼 하늘에 있단다.

안미현

빨강 모자 김가수

TV속에서 단양 야외 수변무대로 경중 걸어나온 한 남자를

순식간에 사랑하게 되었습니다.

가까이 다가갈 수 없었습니다.

그와 나 사이엔 세월을 닦은 노래가 있고

가락에 젖어 흘러가는 도담산봉이 있고

꺅꺅거리며 쓰러지는 여학생들이 있고

빨간 모자를 쓰고 발차기를 하는 가수가 있고

온몸이 감전된 한 여자가 있었습니다.

가슴을 만져준 노래를 남기고,

눈물을 닦아준 노래를 남기고 그는

TV속으로 다시 들어갔습니다.

그가 떠난 수변무대 밤하늘은

따뜻하고 투명한 악기였습니다.

수국

할머니는 나달나달해진 속고쟁이를
빨래비누에 치대 우그렁 양푼이에 담고
바글바글 삶아대셨다.
삭아서 툭툭 터지는 속옷들을
신나게 방망이질해서
볕 좋은날 내다 말리곤 하셨는데
숭숭 구멍 난 하늘로 어디 한 곳
성한 데 없는 할머니의 뼈마디를 보았다.
거푸집 같은 당신 속고쟁이를 개킬 때마다
부슬부슬 떨어지는 삭은 옷밥처럼 오늘

수국이 진다

절간 안마당 가득
꼬불꼬불한 생의 흔적이 꽃이 된 할머니
해마다 환한 연등을 밝히는데
당신 얼굴에 패인 길 따라 어느덧
세월의 높낮이를 가늠해보는데
그러나 당신
와불상처럼 조용히 누워계시네.

눈 속에 갇혀

3월말인데 함박눈이 내린다.
내리는 대로 재처럼 사라지지만
기세만큼은 한겨울 눈보라 부럽지 않다.
한참동안 퍼붓는 눈을 바라보노라면
온전히 갇히는 것이 불행만은 아니다.
첫사랑의 이마에도 눈이 날릴까,
남도의 꽃잎위에도 눈이 내릴까,
옛집에서 방망이질 하던 엄마는 지금쯤
눈사람 되었을까.
꼼짝 못할수록
가보고 싶은 곳, 가야할 곳은 많아
머릿속엔 항상 지도가 그려지고
그 길 위에 춤추듯 흰 꽃가루 뿌려진다.

덤

덤으로 한 해가 왔네.

베란다 창틈에 낀 묵은 먼지를 닦는데
등을 요람 삼아 흔들리는 따뜻한 햇빛 한 장
분명 육십수 순면원단의 깃털이었네.
서너 시간 햇빛 샤워를 하며
정작 씻어낸 것은 창틀이 아니었네.
창틈에 낀 나방이며
그들의 부화하지 못한 씨앗들이
살림을 차리고 장렬히 한 생을 접은
축제의 뒷뜰.

깎아지른 벼랑은 이 몸만이 아니었네.

동신장 목련

늘 하던 좌회전인데
동신장이 거기 있었고 그 어깨너머
고목만한 목련나무 한 그루
신호등처럼 켜져 있었네, 가지마다
치마를 풀어헤친 여자들이
주렁주렁 열렸네.
화장이 지워진 그녀들은
쓰라린 밑을 말리느라
부서지는 햇살 아래 몸져누웠는데
그들의 씻은 피를 마신
목련 나무 발밑에서 어쩌면 너도
잃어버린 정신의 순결을 가늠할 시간

멀어지는 백미러 속으로
뒷걸음치다 뛰어내리는
한 여자를 구할 길 없네.

묘비명

나 다음 생엔
미루나무로 태어나고 싶어
한 여름 땡볕에서도
반짝반짝 웃을 수 있게
윤나는 이빨들이
녹색 주스를 단숨에 들이키는 집중력
나도 그렇게 푸른 다이너마이트를
가졌으면 좋겠어.
슬픔의 뿌리들을 반죽해
쫀득하니 흩어지지 않는 다이너마이트
나 그런 외피를 걸치고
책도 읽고 잠도 자고
지나가는 슬리퍼 소리에 낮잠을 깨는
종일 벌서고 있어도 안 아픈 그런.

아침 산에서

졸린 눈을 부비며 비몽사몽
산에 오른다.
쓰윽쓰윽 뒤 돌아보니 바람이
나무의 소매를 흔드는 소리.
서둘러 돌아가야 할 길과
천천히 가야 할 길들이
층층이 계단으로 이어지고
한걸음마다 숨이 턱에 차
그만 두 길을 다 잊는다.

눈이 바로 떠질쯤 양지바른 길에서
등산화도 안 신고 맨발로 느릿느릿
한 뼘 길을 건너가는 친구를 만났는데
하마터면 땅 색과 비슷한 외모 덕분에
내 발 밑에 깔릴 뻔한
지렁이과의 어떤 놈이었던 것.
그야말로 오체투지가 아니라
전신이 다 무릎이고 팔꿈치였다.

그 걸음으로 건너는 한 뼘의 골과
종종 걸음으로 넘어야 할 이 산

우여곡절 다 넘은 어떤 지점에서
너의 그 길이 부디 축복이기를,
나의 이 길이 부디 깨달음이기를.

어린 길

제천 시민 전체가
청풍으로 벚꽃놀이 간 텅빈 토요일 오후
김영동의 명상음악을 사들고
적적이 들어서는 하소리
새삼스레 마음은 벚꽃처럼 흩날리는데
비참을 씹었던 용두정육점과,
눈물 불은 검은 대동반점과,
청춘의 꼭지 상한 청과 상회와,
질척이던 연의 밑단을 잘라낸 하소세탁소와,
재웅이가 야물딱진 기압을 넣던 올림픽 태권도장
앞앞에
짧은 발차기를 하는 벚나무들이
문패처럼 늘어서있는 걸 처음 보겠네.
눈은 뜨고 다녔으되 마음을 감았네.
뿌연 망막 속으로 초경 앞둔 여식 애처럼
몽글몽글 젖멍울 터트리는 벚나무야
차마 만지지 못하고 마음만 대어 보았네.
어쩌면 먼 어느날
자기들끼리 꽃놀이 간 사람들을 헤아리며
내 생의 고저장단에 꽃가락을 달아주던
어린 길에게 오늘을 바칠 수도 있겠네.

그리하여 네가 소리 없이 무성무성해지듯
나 또한 무성해져 이 길 다니러 올 수도 있겠네.

눈이 부시게 푸르른 날은

가끔
어머니가 살아오시면
날 보로 뭐라 하실까 궁금한데
너! 똑바로 살라 하실까
그래 애썼다 하실까

쿨쿨 잠자고 계실 어머니가
오늘은 빨래를 넌다.
끝을 반듯이 맞춰서 널으라던
못이 박힌 말
못 들은 척 대충 널고
돌아서 깃을 맞춘다.

어머니는
나보다 조금 살다 가셨는데
더 나이 먹은 나를 혼내신다.

한 광주리 볕이 익은 오늘은
꽝꽝 언 개울가에서
쩍쩍 붙어 떨어지지 않는 송장 같은 무엇들
방망이로 나긋나긋 숨죽여

하늘이 비좁도록
내다 말리고 싶다.

그럼 어머니
다시 하라 하실까
잘했다 하실까.

초봄

싹을 잘랐건만 다시
제 몸 거둔 자리 관을 열고
첫숨 고르는 봄것들,
꽝꽝 언 대지의 못이 휜다.
나는 알지. 네가
쨍그랑 언 하늘을 깨우는
빛나는 날이 되기 위해
얼음 밑에서 수없이 벼린
무형의 몸살을. 그리하여

수억 년 전부터 재발하는
겨울의 항문쯤에서 몽실몽실
내치와 외치의 여문 잎 틔우는
초봄,
너의 자리가 왜 그리 붉은지.

황말남

꼭꼭 숨어라, 삼짇날 머리카락 보일라

엄마 나, 어디서 태어났어요? 강남 갔던 제비가 돌아오고 뱀이 겨울잠에서 깨어나는 삼월 삼짇날 다리 밑에서 주워왔나요 그 해 산이나 들에 나가 나비를 맞아 처음 본 나비 색깔로 그 해가 좋은지 나쁜지 내다보는, 다리 밑에서 의례 나는 흰나비 노랑나비 호랑나비 나비점을 보고 싶어요 진달래꽃 찹쌀 반죽에 봄을 지져 먹은 엄마 젖을 빨고 싶어요 엄마 나, 주워 오는 날 능선에 걸린 노을처럼 환희로 물들었나요 엄마의 다리 밑으로 얼마나 많은 강물이 물살을 높이며 흘러갔는지 알아요 내 짧은 다리 사이로 아이가 태어나고 엄마 소리를 들을 수 있는 희망이 생겼는데 비닐봉지에 묶여 다리 밑에 버려진 아이는 숨도 못 쉬고 꼭꼭 콘돔을 뒤집어 쓴 배신감 어느 지상의 흙에 닿았을까 숨바꼭질 할 때 엄마 다리를 잡고 머리카락 보이지 않게 숨으면 세상이 다 가려질 것 같았는데 앙 하고 울어버리면 엄마가 달려 올 것 같았는데 엄마는 이제 쪼글쪼글한 할머니가 되어 태아처럼 다시 둥글게 휘어지고 있는데 엄마 다시 다리를 부여잡고 차곡차곡 올라가고 싶어요 엄마 탯줄을 다시 잡고 올라가요 엄마가 다시 내 딸이 되고 나는 다시 엄마의 엄마가 되어 동글동글한 우주로 돌아가요 삼짇날 태어나 무성하게 자란 머리카락이 땅 속 양기를 다 빨아 먹었나 봐요 벌어진 입 사이로 자꾸만 헛물켜는 기호가 나와요 정성껏 약수를 길러 뻗어가는 날름거리는 입을 막아야겠어요 하늘 밑 추적추적 허물을 덮는 봄비가 내려요

민달팽이

귀를 자른 후 그가 말년에 들어 간 병원이 비뇨기과이었는지 산부인과이었는지 정신과이었는지 모르는데 머리에 붙어 있는 웅크린 태아 닮은 귓바퀴에 주렁주렁 집들이 매달린다 해마다 집들은 벌건 흙물에 잠겼다 나타났다 산허리를 파며 둥둥 떠내려간다 단절된 별과 별 사이 짜고 치는 점 십억 대 재개발 쓰리고 피박 그리고 광박 흔드는 요령소리 달팽이관이 어지러운데 태양의 총성과 공식과 답을 그린 찢어진 보류지 별빛이 왔다갔다 지구를 굴린다 원래부터 알았는데 지금은 귓바퀴 닮은 물음표를 생각하는데 아무소리도 없이 누군가 지적도에 없는 편식과 과식의 등고선을 후벼 판다 작은 상처에도 방심은 금물이라 집집의 귓속마다 창백하고 우울한 숫자 면도날로 잘라낸다 밤하늘 만삭으로 벗겨진 달이 함몰하지 않도록 살살 소독 거즈로 닦는다 한 천년은 귓바퀴 달팽이관의 소리를 말아 닦고 고물거리는 정자를 닦고 난자를 닦고 구부정한 정신을 닦고 나 아닌 또 다른 내가 빌어먹을 집도 절도 없이 울먹이며 지구를 헤매다 어쩌면 열 번째 행성을 기다리는 헐어빠진 검은 자궁을 닦는 더듬이 왼돌이 오른돌이로 돌리는 패각이 미끄럽다

산행일지 19
— 모래시계

재약산 수미봉 올라가는 길목에는
금낭화가 제 몸에 겨워 꽃잎을 내려놓고
억새 숲 사이로 고개 내민 싸리비는
잎사귀로 길을 좁히느라 바쁘다
무중력산소통 짊어진 일행
모래시계처럼 뒤집어 놓은 바다와 산
심종태 바위 초록의 숲으로 노를 젓는다
풀들이 어찌나 높이 자라는지
손사래를 흔들어도
숲 밖으로 구해주는 이가 아무도 없다
종국에는 혼자서 가야하리
능선의 경계마다 그림을 그리는
운무 덮인 나무숲의 푸른 물결
연푸른 능선을 접었다 펼쳤다 하며
산 위를 떠가는 구름 떼
세상만사 그대 곁에만 있을 수 있다면
무엇이 두려울까
따개비처럼 붙어 있으면 헐겁고 삐걱이는
출항도 팽팽하게 당겨지게 할 것 같은
팔불출로 출렁이며 바삐 가는 주암폭포
죽어도 돛대처럼 그 자리에 있으리

화들짝 암벽 틈새로 파고들던 마른 세월
온 천지가 다 젖었는데 어찌 저라고 젖지 않을까
탱탱하던 허욕, 간간하게 저려지는 몸
올라가는 내내 소금 꽃이 피어난다

산행일지 - 천성산 신방에 든다

어두워지는 봄밤 환하게 달이 가득 차오르면 진달래 봉오리가 흐드러지게 맺힌다. 싱건지 나물 같은 여린 버들가지 신랑, 꽃잎 같이 가벼운 새색시, 조갑지에 담긴 진달래 꽃밥 나무가지 젓가락으로 집어먹는 시늉을 한다. 더 줄까…… 응 더 줘…… 수북이 담아주던 손길, 돌아서려다 말고 고개를 갸웃하며 이쪽을 보고 있던, 꽃빛으로 물든 뒷모습이 보일 듯 말 듯, 연분홍이 천만번은 아찔한데…… 너른바위 사이로 땋아 내린 붉은 제비부리댕기가 나붓이 날린다. 수줍은 봉우리 할 할 천만 번 백만 번 주문을 공굴린다. 마음으로 보낼 수 없는 신방에 든다. 구곡간장 뿌리 끝과 끝, 산의 정수리까지 달이 가득 차 오른다. 입을 아 벌리고 숨결의 터럭도 흔들리지 않게 고요히 아찔한 향기를 마신다. 까닭 없이 설레던 눈물이 가지마다 앵혈 되어 터져 나온다.

물드는 그대로가 절정이다

참 묘한 일이지
길 양옆 다비식에 들어간 수도승처럼
서서 가지를 활활 태우는 자작나무
머리는 차갑고 몸 아래 따뜻한데
산 구릉과 구릉 두려움 없는 불꽃이
왜 정수리부터 물들고 있는지
간격을 두고 하나의 달로 향하던 잎새
서로에게 물드는 것이란
따져보는 일이 아니라
그저 납득하는 일이란 걸
접힌 마음마다 보푸라기 일어도
몸속으로 조용히 되돌려
붉은사리 만드는 일이란 걸
구릉 하나 물들게 하는 음절이
내리막길로 번져가는 불꽃
절정이란 따로 없는
물드는 그대로가 절정이라는 걸

참을 수 없는 존재의 가벼움

3월 13일 조간신문 펼쳐놓은
두 아이
무릎 꿇은 조선 뼈아픈 역사 생생히
라는 타이틀 관심 없는 듯
찰흙모양 만들기 놀이에 열중이다
떼었다 붙였다 모양이 다채롭다
천혜자연天惠自然 갯벌사업
호랑이 가죽 콩팥이 썩어가고
어린새싹 이름모를 병마에 운다
울다 지쳐 문드러지면
보리고개 넘어
밀가루 수제비조차
먹기 어려운 시절조차 잊었다
제 이름 잃어버리고
토종종묘 사라진 지 오래
주변국의 애환 중심국의 변주곡에
삼공육경三公六卿 누가 있어 함께
진흙 위에서 배례를 할까?
용인지 뱀인지 이쑤시개 뿔을 꽂아
날개를 달아주면
등판때기 비늘모양 물과 불에

조화로운 이체동심 용트림
이짜아악 짜아악 실핏줄로 터진다

점심공양 찰흙 수제비
던지기 탕
웃음소리 해맑은 내 새끼들
목구멍으로, 붉게 넘어간다

*밀란 쿤데라의 저서 에서제목을 인용했습니다.

*인조, 청 황제에게 세 번 절하다 — 산성일기 〈동아일보〉 3월 13일자 신간을 읽으면서.

육근청정

남자를 가진 여자였는지 여자를 가진 남자였는지 알 수 없어요 난자를 향해 불침 속 물길을 따라 헤엄치는 정자였는지도 몰라요 여자이기도 남자이기도 싫어 한 움큼의 쑥도 없이 참숯 구워낸 자궁속에 틀어박혀 있어요 가끔은 난 아직 곰이라고 생각해요 동굴 밖에 꽃이 후두둑 떨어지고 여름이 가고 가을이 오고 또 겨울이 시린 생을 버리고 갔어도 봄은 쉽게 내게 오지 않았어요 마늘 쑥을 먹으며 허물을 바꾸는 동안 보고 듣고 말하고 행동하는 의식은 도태 되었어요 양심의 탯줄마저 싹둑 잘린 순간 전생은 까무룩해졌어요 일체양성 진화중인지 모를 곰의 후예들이 참숯 구워낸 굴속에 앉아 있어요 불침 맞은 몸에 목초액 향이 우글우글 떨어져요 어머니! 밖은 아직 추워요 불침을 맞고 싶어요 안과 밖을 내통하는 구멍마다 구린내가 나요

김병기

매듭

저 가늘고 질긴 매듭을 보겠나
한뉘 그럭저럭 잘 살았다고
이름이 이름을 거느린 한 살림이
영안실 입구에 문패로 걸려
오가는 눈알을 모조리 빼서 거는구먼
암과 더불어 십 년 살다가 남은 건
수척한 남편의 핑 도는 눈물뿐이라네
어린 딸년 아파 낳은 병원에서
곱게 포장되어 누운 저 몸
빈손이 빈손을 이끌고 왔다 가는 거라고
따순 밥이 김 오르는 밥 하나 낳는 거라고
매듭 꼬옥 짓고 오시는 삶 모시는 거라고
나를 불러 뉘우침을 내려놓으라 하네
먼저 간다고 부고를 내었을 터인데
알고 보면 그간 멀리 떠나 만나지 못하다가
나 돌아왔다고 절 올리는 것인데
저 순하게 산 순천박씨의 젊은 웃음 좀 보게
가서 즐거운 일 많았다고 할 맘도 없이
와서 기쁜 일에 흠뻑 젖으며 살았다는
저 쿠린내 나는 꽃 인사 좀 보게

밥이 아프다

무겁구나
네 몸에 구멍을 뚫어
나를 꼭 붙들어 매고
멀리도 걸어왔구나
많이도 아팠던 순간의 눈썹들이
질질 끌려다녔을
찹쌀 같이 하얀 그늘의 비애
이제 너를 품고
따스한 몸으로 번지며
나를 이룰 것인가
그래서 묻노니
너에게 묶인 나
풀어 갈 길 알려줄 수 없겠나

어제는 모락모락 차지게 익은
밥 한 그릇
제초제를 쿨럭이며 마시고
꿈을 솎아 떠났다는데
그리하여 묻노니
이 땅 흙 속에 깃든 씨알은
사시사철 굽은 허리에

저승꽃이 피고 지며
왜 아프기만 한 것인가

우주의 식탁

어머니께서 아침밥상을 차리신다

초록의 혀를 가진 달빛의 뿌리
송송송 썰어 넣고
개똥지빠귀의 날개에서 뽑아낸
바람 세 봉지 살살살 터뜨려 넣고
산의 자궁에서 슬금슬금
해산한 계곡 물 두 사발 쏟아 붓고
구름의 눈 열어놓고 은근히 번지는 아침노을
만지작만지작 잘 뭉쳐 넣고
불의 성전에서 훔쳐온 햇살
가는 채로 갈아 솔솔솔 뿌려 넣고
아 온몸을 우려내어 설설설
끓어 넘치는 지구의 한솥밥을 지으신다
몇 번 전신轉身을 해도 끓이지 않을 배부름이다

어머니께서 우주의 밥상을 차리셨다
나도 그 안에서 밥알처럼 깨끗하게 익었다

지구의 겨울

밥상이 차다

푸른 가지에 매달려 파르르 떨던
불꽃들은 다 어디로 가서
바람 불어도 손수건을 내밀지 않나
나무부처님 홀로
어둔 눈을 씻으며 손사래 치시는데
어느 희망의 저녁에 깃들 것인가

당신은 누구십니까
나는 스스로 나다

숟가락 하나 젓가락 한 벌
내 몸에 들어와
맑은 피로 돌아
손톱 흰 달 어리비치는데

당신은 어디로 가시나이까
나는 나다 묻지 마라

지구의 가을에 이울던 잎은

새 옷 갈아입고 오시는가
봄이 아득하다

밥이라는 악기에 대하여

밥 먹고 사는 목숨 중에
악기 하나 품지 않은 것 있겠나

풀이 흔들거리며 햇살을 껴안고
깊은 곳에 뿌리를 뻗어 물을 올려
바람에 향주머니 같은 온몸 내주며
봄날에 얼굴 은근슬쩍 내밀 때
나비의 몸짓은
밥의 소리에 흔들리는 춤 아닌가

사람이 밥 먹기 전
죽음의 현을 퉁기며
사색의 밥을 넘기지 않았다면
피 스민 곳마다
치는 소리 뜯는 소리 부는 소리
그런 숨의 가락이 밀려나오겠는가
말 한 마디에 따스한 눈물이 고이는
사랑의 노래가 구불구불 흘러나오겠는가

목숨을 목숨으로 먹는 일
그리하여 생명이 이어지는 일

모르고 살면
밥이 되겠는가
똥이 되겠는가

현미에 웅크리다

침묵의 껍질이 가볍게 벗겨지고
주름진 골에 수만 갈래 햇빛 강이 흘렀을
혹은 몇 개의 좌절이 검은 물감으로 번졌을
쌀 한 톨에 앉아 웅크려 있다 추억이란 건
살아있음에 대한 악성 종양 같은 통증이라서
내 몸 곳곳에 상처가 눅눅한 깊이를 가졌다
이제 높고 쓸쓸한 숙임의 미학(米學)을 얻고
아직 미열을 남긴 채 벗겨진 이마에
희망의 겹을 가지고 있지만 존재는
늘 이상과 현실에 먼지처럼 방황한다
나는 작은 방에 갇혀 너를 위하여 시를 쓴다
배부름이 주는 갈증을 식히기 위하여
사랑이라는 단단한 쪽지에 부활을 새겨 넣는다
밥으로 익는 동안 복발하는 눈물 참을 수 없어
아침 안개처럼 얼굴을 숨기고
다신 벼꽃을 그리워하지 말자고 다짐도 한다
늦가을 된서리보다 단단한 맹서처럼
꽃의 순간을 풍기는 일 이젠 접자고 애원도 한다

그러나 나 아직 살아있다 그대에게
씨눈 하나 보여줄 수 있는 참음이 있고

붉은 피 뿜고 받아들일 수 있는 넉넉함이 있어
모로 누운 휴식처럼 웅크리고 있어도 따스하다
나로 하여금 필 꽃에 대한 기다림이
잠깐 익는다 해도 괜찮다 괜찮다

그 밥그릇은 어디로 갔을까

번데기처럼 기다리던 흰 밤은 오지 않았다
그녀는 마루에 고단하게 앉아 별을 쓸어 담는다
배고픈데
묻어 놓은 밥그릇은 발가락에 자꾸만 닿고
고등어조림에서 간장 냄새가 파고들어도
어둠의 별을 지고 돌아올 그는
풍기는 낙담도 없이 소식이 뜨음하다
빨간 꽃잎 누벼진 이불에서 발효하는 시간은
자정을 넘어서 숨을 고르지 못하고 쓰러진다
웬 바람이 저리도 밥을 탐하는지
문풍지 홀로 겨워 몇 포기의 혀를 받아들이고
콧등에는 햅쌀 같은 배부름이 미끄러진다
외양간 옆 오줌통에서 살얼음 깨고 들어와
큰 밥그릇이 모셔진 아랫목에 발 넣으니
없다 그래 바람 탓이야 이럴 줄 알았어
밤새 문을 흔들던 노래가 밥을 다 먹었어
새벽 댓바람도 한통속이야
그녀는 동틀 무렵에도 심하게 코를 골고

죽지 않고 피는 꽃은 없다

흙의 어둠에서
가늘게 뻗어나가 입이 된 뿌리가
꽃 한 짐 부리고 낮잠에 겨워 졸고 있다
죽음도 새 삶을 위하여 가는 길이라고
그 죽음의 계단을 밟지 않고는
꽃 피는 거 없다고 은은하게 향 번진다

내 몸은 낳으신 분의 똥이거나 밥이니
저 꽃 또한 똥이거나 밥이다
물 불 흙 바람 죄다 들어있는 온몸에서
힘차게 터지는 쌀밥의 탄생신화다

저리 부드러운 꽃잎이 되기까지
길에서 길 찾느라 얼마나 애썼을 것이며
주린 배를 움켜쥐며 얼마나 견뎠을 것인가
저들의 은밀한 사타구니에서 새어나오는
말씀 좀 가만히 들어보시게
다 이루었다
예수가 이룬 저녁이 저러했으리라

꽃이 하늘 틈새로 얼의 밥을 낳지 못했다면

죽어서 피는 꽃이 얼마나 가엾으랴
저기 꽃 핀다 모심과 섬김이 섞여 나오는
꽃밥이다 꽃똥이다 정겨운 두레밥상이다

끓어오르다

어둠이 익었나보다
몸이 뚝배기처럼 끓어오른다
아직 눈을 못 감고 누운 꽁치 다섯 마리
곱게 발라 냉큼 입에 넣는다
순간 바다의 지느러미가 서늘하게 닿는다
내 무슨 덕으로 저 깊은 살점을 먹는가
한 생명이 숨을 거두고 먼 여행 끝에
어두운 입에서 산화공덕(散華公德)을 이룬다
내 입은 열린 무덤이다
그 많은 주검이 얼마나 내 입에서 죽었던가
목구멍 넘어가서 내 어둔 몸이 된 그들에게
저승의 세계에 대하여 묻는다
그래 그대의 몸을 의탁하기 괜찮으신가
뼈를 이뤄 하늘을 받치고
피를 이뤄 땅을 고이고
살을 이뤄 몸을 이룬 후에
똥이 되어 사라지는 그대들이여
그대들의 생목숨 잡아먹은 지 오래되었구나
몸이여 가엾은 생명의 공동묘지여
그냥 밥만 먹고 산다면
죽어간 그들에게 무슨 말씀을 고할 것이며

죽음이 다시 산다는 잠언을 어떻게 올릴 것인가

나는 똥이다

초록의 애를 낳았다. 사람을 닮았는데 물푸레나무 냄새가 났다. 어느 계곡에서 하늘 높은 줄 모르고 자라다가 구름 목도리를 걸치고 거나하게 술에 취한 아버지의 육자배기처럼 붉은 노래가 퍼진다. 어미는 긴 혀를 내밀어 머리를 쓰윽 핥는다. 아기는 네 발로 우주를 번쩍 들기라도 하듯 일어선다. 그리고 해저로 가라앉는다. 아무런 흔적도 없이 사라진다. 누군지 모르게 다 먹어치운다. 잠깐이었고 손쓸 시간이 없는 거리였다.

똥이다. 온몸을 다 돌고 나서 이룬 목숨의 다른 말이다. 얼마나 따스한 해산인가? 나도 그렇게 어미의 온몸을 돌다가 나온 똥이다. 조금 시간이 길었고 조금 어미의 속을 뒤집어놓거나 살을 파먹었다. 길은 조금 다르지만 담을 슬쩍 엿보면 다 통하는 길이다.

어미의 체온을 그대로 담고 나온 자식을 죽이고 싶었다. 불초不肖하다. 언제 저렇게 익은 것들을 품고 살았단 말인가. 똥이 똥을 낳는 줄 모른다. 내가 똥인 줄 모르고 살았다. 손바닥을 세차게 문지르니 똥 냄새가 난다. 저렇게 비비면서 나는 여기까지 왔구나. 위에 있는 입으로 시체가 들어와 온몸을 헤엄쳐 다녔으니, 아래에 달린 입으로 따스한 밥이 나간다.

흙이나 물이나 불이나 바람이나 하나도 남김없이 녹여서 만든 똥이다. 사람 안에는 사람이 산다. 부모 조부모부 증조모부 고조모부 김알지 단군 그리고 꼬리 떨어진 원숭이가 내 몸에 산다. 내 몸의 족보에서는 내 나이가 젤 많다. 죽은 사람의 나이가 많다는 이론은 망상하다. 그들이 죽은 날만 되면 날 찾아온다. 그래서 제사가 끝나면 그들을 먹는다. 나에게로 밥상을 차려라. 길은 나에게로 온다. 길이 나에게로 와서 나를 이룬다. 나에게로 길을 놓아라.

똥이 똥을 낳지 못하고 사람이 사람을 낳지 못하는 세상이다. 똥을 더럽다하고 사람을 지저분하다고 한다. 죽어서 거름이 되지 못하는 것들이 무슨 생명을 노래할까. 똥이 똥을 낳게 하자. 사람이 사람을 낳게 하자. 완전한 소멸로 완전만 탄생을 갈구하는 낙원으로 가자.

똥이 똥을 낳는다. 똥이 사람을 낳는다. 사람이 똥을 낳는다. 몸의 춤을 죽음이라고 부르는 자는 밥을 끊으라. 우주의 몸이 똥이다. 흙 물 불 바람이 똥이다. 그 똥이 나를 이룬다. 내 어미는 우주다. 내 어미는 나다. 나는 똥이다.

똥은 밥이다. 분糞을 보라. 쌀[米]의 다른 말[異]이다. 쌀이 변하여 이룬 밥이다. 쌀은 밥이다. 쌀은 똥이다. 밥이 녹으면 살이 되고 피가 되고 똥이 된다. 다 한 밥솥의 노래다. 먹으면 힘이 되는 게 밥이다. 밥이 스며들면 얼이 된다. 얼을 낳는 게 똥이다. 똥과 밥 사이에는 아무 것도 없다.

입에서 나온 똥을 말이라고 하면 안 되나, 손가락에서 나온 몸짓을 똥이라고 하면 안 되나, 땀구멍에서 나온 노동을 똥이라고 하면 안 되나, 눈에서 나온 샘을 똥이라고 하면 안 되나. 똥과 똥 아닌 것의 나뉨은 무언가. 똥을 누어라. 살맛 풀풀 풍기는 똥을 힘껏 밀어내라. 세상이 똥 천지다. 우주가 똥 천지다. 나는 아름다운 똥이다.

똥은 동同이다. 어울림이다. 낮은 곳으로 가면 다 만나는 바다다. 지구는 똥이다. 똥이 똥을 키우며 사는 거다. 산이나 들이나 바다로 가서 보라. 똥 치우는 이 없다. 사람이 똥을 모른다. 밥 잘 먹고 플라스틱 똥을 싸고 깨진 유리 똥을 눈다. 내 몸 이룬 것이 똥이다. 똥에게 절하라. 똥에게 죄를 고하라. 산 자여, 똥으로 이룬 몸뚱이여! 똥에게로 가라. 똥에게로 가라.

시인의 시론

디지털 시대 시의 위상과 전망

정진명

1

한 분야가 몰락을 맞이하는 것에는 내부의 모순과 외부 환경의 변화라는 두 가지 요인이 동시에 작용한다. 어떤 환경의 변화가 들이닥쳤을 때 그런 변화에 재빨리 적응할 수 있는 유연성을 갖추지 못하면 몰락에 이른다. 그 유연성은 대부분 그 분야의 흐름을 좌우하는 지위에 있는 사람들의 몫이다. 그런 위치에 있는 사람을 지도층이라고 하는 것이다. 문학이라고 해서 이 법칙의 예외일 수는 없다.

언제부터인가 문학의 위기를 논하는 일이 낯익은 일이 되어버렸다. 그리고 그런 담론이 무르익기도 전에 시의 몰락은 코앞에 닥쳤다. 그리고 점점 더 속도를 내고 있다. 이런 상황으로 변한 데는 앞서 지적한 두 가지 요인을 꼽지 않을 수 없다. 그 두 가지 여건이란 문학계 내부의 경직성과 그러한 경직성을 악재로 만든 디지털 시대의 도래를 말한다.

문학계 내부의 경직성은 문학 스스로 택한 것이라는 점에서 더 이상 논할 가치가 없다. 어떤 분야의 몰락은 외부의 힘이 아무리 강고하더라도 내부의 호응이 있지 않으면 이루어지지 않기 때문이다. 그러므로 내부의 문제는 내부의 논의로 두는 수밖에 없다.

그러나 디지털 시대의 도래 문제는 다르다. 그건 엄연히 외부의 문제이다. 그리고 이것은 이제 막 시작되고 있는 것이라는 점에서 우리의 눈을 잡아끈다. 그리고 이 문제는 한 10여년 전부터 꾸준히 문학인들의 말밥에 오르던 문제이기도 하다.

그러나 워낙 거대한 파도처럼 밀려오는 것이기 때문에 이것에 대한 대처는 무력하기까지 하다. 진단이 아무리 정확해도 치유할 수 없는 병이 있듯이, 사태를 정확히 파악해도 해결할 수 없는 문제가 있다. 바로 이런 문화의 변혁기에 등장하는 새로운 커뮤니케이션의 등장이다.

현실의 문제를 접근하는 방법은 대체로 두 가지이다. 그 문제를 패러다임의 교체로 보고 그에 걸맞은 세계관과 이론으로 무장하여 새로운 흐름의 방향을 논하는 방법과, 현실 속의 변화를 감지하여 새로운 전망을 찾는 방법이 그것이다.

물론 거시와 미시라는 말로 표현할 수 있는 이 두 가지가 잘 조화를 이루면 그보다 더 완벽한 대책은 없을 것이다. 그러나 그런 일은 쉽사리 일어나기 어려운 것이, 디지털 시대의 도래란 문학에게는 처음 겪는 전대미문의 일이기 때문이다. 실제로 디지털 시대의 도래와 그로 인한 문학의 위기에 대한 담론은 학자나 교수들 중심으로 이루어져 현실 속의 변화를 포착하기에는 어려움이 있다.

그러나 변화의 핵은 그것을 바라보는 이론이나 관념이 아니라 현실 속에 숨어있는 법이다. 현실은 관념으로 대체할 수 없고, 오직 현실 속에서만 해답을 찾을 수 있다. 그러나 그런 현실 속의 변화를 논하는 것은 기준도 없고 방법도 없어서 실제로 논의하기는 아주 어려운 일이다. 맨땅에 헤딩하기가 아닐 수 없다.

그렇다고 수수방관할 수만도 없는 일이다. 그것은 문명의 변화가 우리의 현실을 얼마나 바꾸어놓았는가 하는 것에 대한 어림짐작이라도 있어야만 그 후의 변화를 뜬구름 잡기 식으로라도 헤아려 대응할 수 있기 때문이다. 이런 몸부림마저 없다면 몰락은 그대로 현실이 된다.

이 글에서는 뜬구름 잡기가 되더라도 내가 겪은 디지털 시대의 양상을 정리하여 새로운 담론의 한 재료로 삼고자 한다.

2

나는 현직 교사이다. 2005년 현재 충청북도의 한 중학교에서 국어를 가르친다. 나는 1979년에 고등학교를 졸업했고, 1985년에 충북대 사범대에 입학했으며, 1989년에 졸업하여 8월에 첫 발령을 받았다. 내가 고등학교를 졸업할 무렵에 선생님들은 시험문제를 '가리방' 이라는 방식으로 출제했다. 가리방이란 기름이 묻지 않는 바탕 종이에 송곳처럼 날카로운 펜으로 글씨를 써서 수동식 인쇄기에 붙인 다음, 잉크를 묻힌 롤러로 밀어 눌러서 찍는 방식이다.

그런데 내가 첫 발령을 받은 1989년에는 일본식 프린터를 들여놓고 원안지를 손으로 써서 넘겨주면 그것을 자동으로 스캔하여 복사하는 방식으로 바뀌었다. 1979년과 1989년은 10년 세월이다. 이 10년 사이에 선생님들 일의 방법이 바뀌고 그 결과 업무량이 크게 줄어든 것이다. 그래서 B4용지에 손으로 쓰건 타자로 찍건 컴퓨터로 찍건 상관없이 시험 문제를 출제해서 행정실로 넘기면 쉽게 프린트가 되어 나온다.

이때의 교무실 환경은 컴퓨터는 없고 타자기가 몇 대 있었다. 손의 힘으로만 치는 타자기가 주종이었고, 내가 발령 받은 1989년에 처음으로 전동타자기가 들어왔다. 그래서 나는 전동타자기로 시험을 출제했다. 대학 때 손으로 노트에 썼던 시를 타자기로 옮긴 것도 그때였다. 육필 원고를 기계로 찍어놓으니, 어쩐지 시가 더 잘 써진 것 같다는 느낌을 받은 것도 그 무렵이다. 활자의 마술이다.

1992년이 되자 교무실에 일대 혁신이 일기 시작했다. 다른 도는 어땠는지 모르겠으나 충청북도 교육청에서는 교수 방법과 교육환경을 크게 개선하기 위한 방법으로 시청각 기기를 학교에 엄청난 양으로 공급하기 시작했다. 그 무렵에 나는 제천상고에 있었다. 제천상고는 실업계이기 때문에 컴퓨터가 다른 학교에 견주면 일찍 들어와 있었다. 정보과가 두 학급 있었고, 이 학생들이 실습을 할 수 있도록 386 컴퓨터가 30대 가량 전산실에 들어와 있다가 얼마 안 되어 다시 486으로 바뀌었다. 그래서 축제 때가 되면 포토샵 같은 프로그램을 열어놓고 그것에서 사진 보정작업을 하는 것을 본보기로 보여주고는 했다. 몇 년 뒤에 상고에서도 사라진 주판을 퉁겨서 계산하는 법을 수업하던 때의 일이다.

1993년에 인문계인 단양고등학교로 옮겼다. 실업계와는 달라서 인문계 고등학교인 이곳에는 상업과 한 학급이 개설되었는데, 그 학생들을 위해서 많은 타자기와 286컴퓨터 10대 가량이 있었다. 286은 속도가 늦는 데다가 날이 덥거나 추우면 컴퓨터가 작동이 안 되는 일도 많아서 담당 선생님이 한 겨울에 난로도 켜놓고 한 여름에 에어컨도 켜야 하는 고충을 안던 시절의 일이다.

그러다가 한 해가 지난 1993년도부터 연차로 교수학습 매체가 물밀 듯이 밀려들었다. 행정실에 컴퓨터가 한 대 교무실에 두 대가 놓여 공동으로 쓰던 386 컴퓨터를 밀어내고 날로 486을 거쳐 팬티엄 급까지 불과 몇 년 사이에 컴퓨터가 보급되었다. 실물화상기와 대형 텔레비전이 학 학급 교실마다 보급된 것은 몇 년 뒤이다. 그리고 2000년을 기점으로 전 교사에게 개인 컴퓨터가 보급되었고, 전산실도 어마어마한 규모로 확대되어 학생들도 언제든지 활용할 수 있게 되었다. 불과 10년 사이에 세상은 온통 컴퓨터 천지로 바뀌고 디지털 체계가 된 것이다.

2000년이 지난 지금 시점에서 컴퓨터는 국가 전체를 움직이는 동력이 되었다. 모든 행정 업무는 컴퓨터 앞에 앉아서 다 이루어지며 국가 공무원들 전체가 컴퓨터로 전자결제를 하고, 마침내 세계 최초, 최대로 전자정부를 실현하는 단계에 이르렀다.

이것은 교직에 몸담은 한 개인이 바라보고 겪은 것이다. 지금은 어떨지 몰라도 10년 전의 나를 돌이켜보면 이런 변화의 물결에 근근이 올라타서 그나마 처지지 않고 따라가는 것은, 나의 능력이나 여건이 아니라 나를 담은 교직 사회의 몫이라고 본다. 실제로 개인 사업을 하거나 다른 분야에서 근무하는 내 친구들을 만나보면 이런 변화의 물결에서 한 발 비켜나 있다는 느낌을 받는다. 그만큼 정부 주도의 영향이 강한 결과라고 보는 것이다.

물론 개인 기업이나 컴퓨터 업계의 변화는 정부의 이 같은 변화보다는 한 발 빨랐을 것이라고 본다. 그러나 그것은 기업의 생리에서 오는 것이다. 이런 변화를 대중화시켜 개인의 삶을 변화시키고, 그것을 사회 전체의 흐름으로 만든 것은 정부 주도의 정책이었다. 그리고 평범한 삶을 운영하는 우리 집의 변화를 보더라도 컴퓨터를 사는 일이나 컴퓨터를 운용하는 속도는 언제나 학교의 뒤를 따라갔고, 현재도 그렇다. 특별한 경우가 아니면, 정부가 가정을 앞

질러가고 있다는 증거이다.

3

그렇다면 이러한 변화가 문학과는 어떤 관계를 맺을 것인가? 당연하게도 문학의 앞날과 연관된다. 문학의 앞날이란 현재의 시인들과 독자를 말하는 것이 아니고 장래의 독자와 시인들이 처할 상황을 말하는 것이다. 그리고 디지털 시대의 담론은 이것을 전제로 해야 한다.

디지털은 이미지로 세상을 인식하는 방식을 말한다. 그것도 시각이미지가 주를 이룬다. 앞으로 올 세대는 이미지로 세상을 읽고 사유하고 살기 때문에 이런 행태는 시의 독자에게 직접 영향을 미친다. 그런데 우리의 현대시는 모더니즘이라는 이름 아래 계속 시각 이미지를 강조해왔다. 물론 시각 이미지를 사용하는 것이 곧 모더니즘인 것은 아니지만, 이미지즘의 출현 이래 이미지는 시의 본류라 할 만큼 우리 시에 큰 영향을 미쳐왔다.

이렇게 된 데는 시각 이미지의 유용성이 크게 작용했다. 보통의 문장이나 말은 의미전달이 동시에 이루어진다. 그래서 이런 전통을 이은 시에서는 가락이 중요하다. 그러나 시의 기법과 의미전달 방식이 시각 이미지로 건너가면 시의 부분부분에서 주제가 감지되는 것이 아니라 시 전체를 읽은 다음에 한꺼번에 한 영상으로 다가오면서 이해된다. 바로 이 점의 효과를 극대화시키고, 그런 극대화를 통해서 카타르시스에 가까운 감정이 한꺼번에 몰려들도록 시에 장치를 해놓았다. 이른바 '객관적 상관물' 이 강조되고, 실제로 그것을 잘 활용한 시인들이 좋은 평가를 받곤 했다. 그리하여 이런 이미지즘 기법이 이끄는 시의 흐름이 모더니즘의 전방에 배

치되었다. 물론 이것은 그 전에 내려온 시의 전통을 벗어나 새로운 전통을 수립하려는 의지 내지는 욕망에 따라 이루어진 것이었다.

그런데 10년 전부터 변수가 등장했다. 바로 디지털 시대의 도래이다. 디지털은 이미지로 말하는 세상이다. 그런데 시의 이미지보다 훨씬 더 분명하고 강한 자극을 주며 생각의 굴절을 거치지 않고 직접 몸으로 와 닿는다는 특징이 있다. 이런 경향은 시의 존재에 가장 큰 위험이 된다. 결국 이미지 대결에서 시는 퇴장을 당할 지경까지 이른 것이다. 더군다나 같은 자판을 이용하면서도 이모티콘이나 문자 도안으로 놀라운 이미지를 만들어내는 신세대의 발랄한 상상력을 보면 시가 지닌 둔중한 이미지는 수영선수의 발에 달린 모래주머니가 연상될 지경이다. 이 속도와 발랄함은 핸드폰에 와서 절정을 보여준다.

물론 시의 이미지와 디지털의 이미지는 분명히 다르다. 그러나 그런 차이점을 구별하면서까지 시에 대해 자비를 베풀어줄 사람들이 그리 많지 않다는 것이 문제이다. 보통 사람들이 보기에 시의 이미지와 디지털 이미지는 크게 다르지 않다. 이미지즘의 기법이 모더니즘의 첨단에 서 있는 한 이는 분명하다. 그렇다고 해서 모더니즘이 부정했던 옛날의 시 전통으로 돌아갈 수도 없는 일이다. 폼잡고 도달한 곳에는 시의 본 영역이 사라지고, 그렇다고 돌아갈 수도 없는 곳에 시는 와있다. 이것이 이미지를 보약으로 택했다가 진퇴양난에 빠진 근대시의 현주소이다.

따라서 앞으로 시가 차지하는 위치는 디지털과는 다른 이미지의 영역인데, 그런 영역을 확보하기란 쉽지 않다. 미래의 독자는 디지털의 이미지로 시를 오독하기 쉽다. 그리고 그런 오독도 시에 대한 최소한의 애정이 있을 할 수 있는 일이다. 그 최소한의 애정이 시의 이미지를 받아들일 수 있도록 어떤 장치를 만들고 기회를 여는 것이 시에게 남은 마지막 희망이다. 그리고 그 마지막 희망이 결실을 맺을 수 있는 기회가 시의 특성을 강제로 배우는 학창시절이다.

현직에서 중학생들에게 국어를 가르치고, 그 중에서 시 창작을 지도하면서 느끼는 것은, '절망 속의 희망 찾기' 라는 말로 요약할 수 있다. 절망이라는 것은 디지털 시대의 도래라는 시대문명의 대세와 공교육 체계 안에서 시 교육이 갖는 두 가지 문제점이고, 희망이라는 것은 그런 절망 속에서도 방법에 따라서는 일말의 가능성도 없지는 않다는 것이다.

그러나 시 창작이 아닌, 시 비평을 가르치는 학교의 현실은 이런 가능성에 대한 기대마저 물거품으로 만들고 만다. 학교 현장의 시 교육에 문제가 있다는 것은 어제오늘의 지적이 아니다. 그리고 이것을 살피는 것은 따로 새로운 장을 마련해야 할 것이다. 그런데 문제는 이런 구태의연한 문제가 디지털 시대의 도래라는 또 다른 거대한 악재와 겹치면서 생기는 것이다. 디지털 시대의 영상 매체 때문에 그러잖아도 어려운 시는 소외되기 마련이다. 이 소외를 안에서 부채질하는 것이 학교 현장의 시 교육이다.

실제로 학교에서 아이들에게 시를 가르쳐보면 굉장히 어려워한다. 그 어려움은 우리 세대가 자라면서 느끼는 것하고는 또 다른 영역에 닿아있다. 즉 지금의 아이들은 태어나면서부터 텔레비전을 보고, 초등학교에 입학 전에는 게임에 빠져들다가 학교에 갈 때쯤 되면 벌써 컴퓨터의 세계로 빠져든다. 텔레비전, 게임, 컴퓨터의 공통점은 가상세계를 그림으로 보여준다는 점이다. 생각할 겨를이 없다. 눈을 통해서 직접 가슴까지 연결되는 체계이다. 이들이 사춘기를 겪고 사회에 진출할 때까지 영상 이미지가 만든 세계는 이들의 현실이 된다.

이러한 매체에 익숙한 아이들에게 언어의 세계는 어려울 수밖에 없다. 더구나 학년이 올라갈수록 책상 앞에 붙잡아 두는 교육 현실은 이러한 디지털의 영향을 더욱 강화시킨다. 아이들이 접할 수 있는 현실의 조건마저도 학교 교육은 제거해버렸다.

시를 지도하려면 '이미지' 를 말하지 않을 수 없다. 이미지가 현대시의 아주 중요한, 어떻게 보면 가장 중요한 도구로 등장했기 때문이다. 그런데 아이들은 이 이미지라는 말과 개념을 너무 어려워한다. '언어가 머릿속에 그려놓은 그림' 이라고 설명을 해주어도 어려워한다. 그럴 수밖에 없는 것이, 이들에게 이미지란 화면에서 그대로 가슴에 와 닿는 '직접전달물질' 이기 때문이다. 그러니 언어라는 매개과정을 거치는 연상물이 이들의 욕구를 만족시켜줄 리 만무하다.

게다가 시의 이미지는 개인마다 다 다르다. 그러나 게임이나 인터넷의 세계에서 만나는 이미지는 한 치 오차 없이 정확하다. 그리고 정교하다. 섹스 장면이나 전투 게임 장면에서 의심 가는 부분은 전혀 없다. 그대로 완전히 노출된다. 상상력이 개입할 틈을 준다는 사실 자체를 이들은 불편해하고 두려워한다. 시를 가르칠 때 이들이 가장 어려워하는 부분이 이 부분이다. 이렇게 보면 이미 언어라는 매개체는 이들에게는 불편한 구식장비에 지나지 않는 것이다. 광선검의 시대에 낫이나 호미를 들고 날뛰는 격이다.

이 세대는 자라면서 계속 사회의 관심을 받아왔다. 한 10여 년 전에 학교의 현장을 개탄하면서 '교실 붕괴' 라는 말을 낳은 세대가 이들 첫 세대이다. 그리고 이들이 자라면서 계속 사회의 근간을 흔들었다. 대학에 가기보다는 컴퓨터 게이머를 꿈꾸면서 부모들과 극한 대립을 벌이더니, 이제는 군대에 가서 자신의 소대원을 향해 총을 갈기고 수류탄을 까 던지는 사태까지 이르렀다. 2005년 현재 이들은 20초반에서 중반으로 막 넘어가는 그런 세대들이다.

이들을 욕하자는 것이 아니다. 그들의 문화 환경이 그 이전의 세대들과는 다르다는 것을 지적하고자 하는 것이며, 나아가 이런 아이들을 상대로 언어라는 것을 도구로 사용하도록 가르쳐야 하는, 이미 한물 간 세대의 현실을 짚고자 하는 것이다.

이들 세대의 언어는 글이 아니다. 이미지이다. 바로 이 점을 시는 직시해야 한다. 이 점 때문에 문학은 존재의 큰 전환기에 와있다는 것이며, 마침내 머지않아 몰락에 이를 것이라고 보는 것이다. 벌써 문학의 가을은 왔다. 이제 겨울이 코앞에 닥친 것이다. 텅 빈 객석을 바라보며 노래를 해야 하는 것이 시인의 운명이다.

그렇다고 해서 내일 아침 당장에 문을 닫지는 않을 것이다. 문화란 흐름이어서 본류가 있고 지류가 있다. 지금까지 언어가 본류였다면 이제부터는 영상이미지가 본류이고, 언어는 지류로 전락한 것이다. 그렇다면 이제 남은 것은 지류의 물줄기가 얼마나 굵고 가느냐 하는 문제일 것이다.

결국 디지털 시대에 시를 논한다는 것은 정도의 문제에 관한 것이고, 그 정도는 미래를 맞는 시인들의 태도에 달린 것이다. 말하자면 지류라고 하더라도 흔적조차 없는 그런 것이 되지 않고 본류에 영향을 미칠 수 있는 것이 되려면 문학 내부의 체질 개선이 급선무라는 것이다. 이때 체질 개선의 가장 중요한 문제는 당연히 대중화의 문제일 것이다. 대중화는 결국 독자 확보의 문제이다. 이것은 시가, 문학이 여태까지 이어져온 관성을 바탕으로 사람들의 관심을 이끄는 활력을 지녀야 한다는 말이다.

이것은 두 가지 방향에서 생각해볼 수 있다. 제도를 통한 체질개선과 디지털 시대의 틈새시장을 노리는 방향이 그것이다.

4

제도를 통한 체질 개선은 수천 년의 전통을 지닌 언어의 활용 방법을 강제하는 것이다. 우선 떠오르는 것은 학교 교육을 통해서 문학의 사유에 익숙할 수 있도록 강제하는 것이다. 이것은 현재 학교에서 진행되는 것이기 때문에 이의 효율성과 방법론에 대한 논의는 다른 장을 마련해야 할 것이다. 다만 여기서 강조할 것은, 지금처럼 입시 위주로 강제하는 방식이 아니라 학생들이 문학을 스스로 즐길 수 있도록 해야 한다는 것이다. 그리고 그것이 가능하려면 삶을 바라보는 틀을 바꾸지 않으면 안 된다. 당연히 이것은 단순히 문학의 문제가 아니라 삶과 사회, 나아가 국가 전체의 패러다임을 바꾸는 일로 연계되기 때문에 이 자리에서 한두 마디로 잘라 말할 수 있는 것이 아니다.

다만, 학교 교육에서 놓치지 말아야 할 것은 시에서 쓰이는 이미지를 정확히 알려주는 일이다. 그것은 디지털 이미지와는 또 다른 기능이 시의 이미지에 숨어있어 그것이 세계를 이해하는 아주 중요한 수단이 될 수 있다는 사실과, 바로 그런 점을 기반으로 하여 시의 맛과 가치가 있다는 것을 깨닫게 해주는 것이다. 시는 분명 신세대에게 쓴 약이지만, 먹지 않을 수도 없는 것이 학창시절이다. 이 시절의 쓴 약을 통해서 시의 이미지를 배우지 못 하거나 잘못 배우면 시는 이들로부터 영영 멀어지고 이것은 시의 몰락을 확정하는 일이 된다. 시의 1차 생존 가능성은 학창시절에 있다. 그리고 이 1차 기회는, 틀림없이, 처음이자 마지막 기회이다.

또 한 가지는 자꾸 위축되는 문예의 전통을 기관의 힘에 기대서 장려하는 것이다. 이 부분은 국가의 시책에 문예가 중요한 정책으로 책정되는 것을 뜻하고 그것은 동시에 정치권으로 넘어가는 문제임을 지적하는 것으로 논의를 미룬다.

가장 중요한 것은 내부의 문제, 즉 당사자인 문인들의 체질을 바꾸는 것이다. 사회는 어차피 덩어리로 뭉칠 수밖에 없다. 경계선을 그어놓고 그 안과 밖을 구분하는 것이 모든 사회의 공통점이다. 그러나 그 선이 어디까지냐 하는 것은 의외로 중요한 것일 수 있다. 자칫하면 선이 아니라 성을 쌓는 수가 있기 때문이다. 그리고 한국 문단은 틀림없이 선이 아니라 성을 쌓아놓았다. 선은 한 발이면 넘나들 수 있지만 성은 문이 아니면 드나들 수 없게 된다. 문에는 당연히 사천왕 같은 문지기들이 지키고 서서 아무도 허가해준 적 없는 통행료를 받는다. 그런 쾌감을 즐기는 동안 스스로 폐쇄된 채 바깥 환경에 대응력을 상실하고 안에서 썩어가다가 고목처럼 쓰러진다.

현재의 시 추천 제도를 비롯한 문예지 중심의 흐름은 이러한 모습의 전형이다. 문예지와 학벌을 중심으로 끼리끼리 뭉쳐서 코딱지만한 이익을 노리는 집단들이 존재하는 한 시의 몰락은 가속도를 탄다. 이게 철부지들의 장난이라면 크게 상관없는 일이지만, 그게 아니라면 결과는 의외로 참담할 수 있다. 당장의 꿀맛이 좋은 자들 때문에 전체의 몰락에 이르는 법칙이 문학만을 예외로 비켜갈 리 없다.

이런 구태의연한 발상을 버리지 않으면 시는 살아남기 어렵다. 스스로 숨통을 조이는 행동을 멈추는 것만이 새로운 전기를 맞는

지름길이다. 그리고 문단의 책임 있는 자들부터 이 사실을 자각할 필요가 있다.

다음으로, 디지털 시대의 틈새시장이란 디지털 문화가 감당할 수 없는 부분을 말한다. 디지털 시대는 영상으로 존재하고 시공을 초월한다. 접속지점은 은밀한 공간이지만, 그 움직임과 양상은 다국적 기업의 생태를 닮았다. 전 세계를 순식간에 넘나들며 엄청난 양의 정보를 공유한다. 그리고 자신의 선택으로 그 정보를 재구성하여 독특한 자신만의 세계를 구축한다. 그리하여 실재하지 않는 곳에 자신만의 공간을 만들고, 경향이 같은 사람들끼리 모여 가상공간에서 공존한다. 이들이 현실 밖으로 나오는 경우는 거의 없다. 아주 예외로 '붉은 악마' 같은 경우가 있지만, 그것은 특수한 경우이다. 그리고 설령 그것이 현실 속으로 나온다고 해도 그들이 갖는 유대는 오늘날의 인간관계처럼 끈적할 리가 없다.

그러니 이런 존재형태가 갖는 맹점 또한 지극히 자명하다. 사람은 사회 속에 살 수밖에 없고, 그것은 매일 마주치는 사람들과 의사소통을 하지 못하면 자신의 존재 또한 의미를 갖지 못한다는 것이다. 디지털 세계의 소통방식 또한 이러한 내용을 전제로 하고 있다. 따라서 디지털 시대가 만든 가상공간의 세계 또한 현실세계로 이어지는 부분이 존재할 때 비로소 의미가 있다는 것을 강조하지 않을 수 없다. 그러므로 가상공간이 아무리 실감나더라도 그것은 그 역방향의 반대급부를 전제로 한 것이다.

그렇다면 문학이 나아가야 할 방향은 디지털 문화가 놓치기 쉬운, 놓칠 수밖에 없는, 반대의 현실세계이다. 그 반대란 실재하는 현실세계의 자각화 운동과 소규모 문화운동이다. 문학에 국한시켜 보면 이것은 지역별 문학 모임의 활성화가 가장 중요한 대안이 될 것이다.

어느 사회든지 그 구성의 형태는 피라미드형이 가장 안정되고 오래 간다. 그런데 디지털 시대의 도래는 이런 틀을 바꾸어버렸다. 세월이 흐르면서 새로운 세대가 피라미드의 아랫부분을 저절로 채워야만 그 꼭대기까지도 안정되는 법이다. 그러나 새로 유입되는 층이 없으면 이 피라미드 구조는 저절로 다이아몬드 구조로 바뀐다. 그리고 앞서 보았듯이 10년 전부터 갑자기 문학의 지형이 바뀌면서 현재 문학계는 다이아몬드 구조로 바뀌었다. 신세대는 문학에 전혀 관심이 없다. 그런 까닭에 피라미드의 아랫부분을 채울 수 없다.

그런데도 문예지는 근대 문학사 이후 가장 왕성하게 불어났고, 시인 역시 엄청나게 불어나서 아파트 동마다 시인 한둘이 산다는 얘기가 나올 정도가 되었다. 그런데 문제는 이렇게 왕성해진 문학판의 변화를 주변에서는 전혀 느낄 수 없다는 점이다. 이것은 문학의 중앙집권화와 맞물려있다.

문학은 자생력을 갖추지 않으면 말 그대로 사상누각이다. 자생력이란 사람들 스스로 즐기는, 그래서 그 즐거움을 바탕으로 생활 속의 시를 실천하는 것을 말한다. 그런데 우리나라의 시 풍토는 추천제도와 문예지의 생존 방식에 긴밀히 맞물려있다. 시를 써서 누군가의 칭찬을 받고 싶어 하고 시 쓰는 능력을 추천제도와 문예지 지면 차지하기로 드러내고 싶어 한다. 그리고 그런 욕구 본능을 잘 자극시켜서 문예지는 자신들의 생존을 꾀한다.

이런 중앙 집권화가 가속화될수록 주변의 지역 문예는 생기를 잃기 마련이다. 중앙을 향해 목을 길게 늘이고 있다가 연이 닿으면 중앙의 문예지로 달려가서 자신이 살고 있는 지역의 문예풍토와는 전혀 상관없는 시인이 돼버리는 것이다.

그렇다면 이에 대한 대안 또한 간단하다. 중앙으로 달려가는 관행을 버리고 자신이 살고 있는 지역의 문화에 자신의 역량을 집중하는 것이다. 중앙에 대한 환상을 버리는 것, 그것이다. 그리고 그것은 지역 문예의 활동으로 나타날 것이고, 그것은 우리가 익히 아는 시 낭송회, 시화전, 사화집 발간 같은 형태의 문예운동으로 구체화된다. 그리고 이것은 직접 사람을 부딪치면서 해야 하는 일이라는 점에서 가상공간에서 이루어지는 디지털 문화에는 없는, 디지털 시대의 사람들이 할 수 없는 부분이다.

앞의 방법이 문학이 위기에 처할수록 문학다운 본연의 자세로 돌아가는 방법이라면 오히려 디지털 문명의 이기를 문학에 활용하는 방법이 있다. 가장 손쉬운 것은 인터넷 매체를 이용하여 문학의 확대를 꾀하는 것이다. 그리고 이 부분은 현재 어느 정도 자리를 잡았다고 본다. 즉, 시 전문 카페나 사이트를 운영하여 시의 대중화를 꾀하는 것이다. 그리고 이것은 이미 우리의 주변으로 아주 가까이 와있다. 〈빈터〉나 〈시산맥〉 같은 인터넷 동호인 모임을 보면 어렵지 않게 확인할 수 있는 것이다.

인터넷 문화는 문학에도 호재가 될 수 있다. 문예지 중심으로 이루어지는 작품의 소통 체계는 분명한 한계가 있다. 이것은 작품과 책의 구매력을 전제로 하기 때문에 독자들에게 그런 매력을 주지 못한다면 말짱 도루묵이다. 그러나 인터넷 체계는 즉각 세계 어느 곳이든 접속된다. 따라서 시 역시 이러한 환경을 이용하여 독자에게 얼마든지 쉽게 다가갈 수 있다. 다만 전문성의 결여로 인한 질의 저하라는 문제점이 있지만, 그것은 인터넷의 본질이기보다는 운영 방식의 한계일 따름이다. 오히려 인터넷은 지나친 중앙집권화로 말기 암 환자의 상태에 이른 현재의 문단 행태를 교정하는 아주 중요한 수단이 될 수 있다.

5

디지털 시대를 맞이하여 문학의 생존이 위협 당하는 까닭은 거기에 일정한 비용이 요구된다는 점이다. 그에 반해 인터넷 소통 과정에서는 부대비용이 전혀 발생하지 않는다. 바로 이 점이 독자의 구매력을 전제로 하고 있는 문예지 중심의 작품 소통 방식을 위협하고 있는 것이다. 그리고 기존의 방식에 의존할 경우, 틀림없이 시인은 이 구태의연한 방식이 갖는 재정의 압박을 느낄 수밖에 없다. 따라서 문학의 생존 문제는 결국 재정의 문제와 떼려야 뗄 수 없는 맥을 대고 있다.

그런데 이 문제와 관련하여 시인들이 취하는 방식은 크게 세 가지이다. 팔리는 장사가 가능한 출판사에 의존하여 무료로 출판하는 것이 첫 번째이고, 두 번째는 정부기관을 비롯하여 각종 단체에서 지원하는 지원금(예를 들면 문예진흥기금)을 받아서 출판하는 경우이고, 세 번째는 자비로 내는 경우이다.

그러나 현저히 감소하는 독자들이 문화의 관심도를 결정하고, 관심도가 현저히 떨어지는 상황에 이르면 첫 번째와 두 번째의 경우 역시 점차 쇠락을 길을 걸을 것은 불 보듯 훤한 일이다. 따라서 시간이 흐르면 결국 세 번째인 경우만이 남게 될 것이다. 결국 시인 자신이 작품을 발표하는 창구를 스스로 만들어야 한다는 결론에 이른다. 그리고 설령 이렇게 한다고 해도 그것을 독자들이 읽도록 하는 일이 남는데 이 역시 결국 시를 쓰는 당사자들의 몫으로 남고 만다. 이제 시는 존재의 유형 면에서 최악의 국면에 이르게 된다. 그리고 결코 원하지 않는 바이지만, 그렇다고 해도, 여러 가지 여건으로 인하여 우리는 이러한 상황에 다다랐다.

어떤 상황이 최악에 이르면 대개 최선의 방책이란 존재하지 않는다. 파멸을 겨우 면하는 최악의 방법이 최선의 방법이 되고 만다. 이 상황에서 최선의 방책이란 무엇인가? 그것은 시인들이 구매력에 의존하는 문학의 존재 방식에 대한 환상을 일찌감치 포기하고 생존의 조건을 스스로 만드는 방법이다. 그 과정에 따르는 재정의 압박을 최대한 줄이는 것이다. 그것만이 피라미드의 바닥을 확장하고 건전한 생존을 오래 지속시킬 수 있는 방법이다.

이에 대한 대책은 여러 가지로 생각할 수 있겠지만, 한 가지 방법을 생각해본다면, 동인 활동을 활성화하되 거기에 두레의 방식을 적용하는 것이다. 동인 형태는 중앙집권화에 대한 거의 유일한 대안이다. 그리고 소규모라고 해도 스스로 독자를 확보하고 독자와 교류할 수 있는 가장 중요한 방식이다. 물론 이 과정에서 발생하는 비용은 구매력을 전제로 하지 않는다면 동인들 스스로 분담해야 한다. 대개 지역을 근거로 해서 결성되는 경우가 많은데, 그럴 경우 특정 지역에 일정한 분위기를 유지할 수 있다는 점에서 국제성으로 대변되는 인터넷 문명에 대해 국지성이라는 대안이 될 수 있다. 그리고 당연히 이 국지성은 국제성을 담보하는 값진 조건이다.

두레의 방식이란 시인들 간의 상부상조를 말한다. 현재 우리나라는 촌지 문화가 아주 발달했다. 그것은 옛날의 농경 사회에서 품앗이할 수밖에 없는 불가피한 사정 때문에 생긴 것인데, 이 꼬리를 잘라버리지 못하고 도시 문명사회에서도 인간관계를 규정하는 잣대 노릇을 하고 있다. 그래서 문인들의 애경사가 있으면 돈 봉투를 들고 찾아다니는 것이 흔한 일이 돼 버렸다.

그런데 이상하게도 이런 촌지 풍속이 작품집 발행에는 연결되지 않는다는 것이 특이한 일이다. 그리고 이해할 수 없는 일이다. 한 시인이 시집을 내면 그 주변의 시인들은 그 시집을 공짜로 받는 것을 아주 당연하게 여긴다. 그리고 자신이 시집을 낼 때에도 역시 공짜로 돌리는 것을 당연하게 여긴다. 이런 습관은 결국 구매력이 발생하지 않는 조건에서는 시인의 부담으로 남는다. 그리고 재정이 열악한 조건이라면 시집을 내기 어렵다는 말이 된다. 만약에 팔리지 않을 시집은 낼 필요가 없다는 어이없는 발상을 하는 사람이 있다면 시의 대중화와 생존 문제는 아예 꺼낼 필요도 없는 말이 된다.

그렇다면 이 문제를 해결하는 방법은 촌지문화를 시집 발간의 경우에도 적용하는 것이다. 한 시인이 시집을 내면 어떤 시인의 아들 결혼식에 돈 몇 만원을 넣어서 촌지를 주듯이 시집을 내면 그 시인에게 일정 액수의 촌지를 건네는 것이다. 이렇게 되면 시집을 내는 당사자는 재정에 대한 부담이 없이 독자의 구매력을 얼마간 미리 확보하는 것이다. 이보다 더 큰 다행이 있을 수 없다. 이것이 동인간의 유대를 더욱 공고히 할 것은 말할 것도 없다.

그리고 이것은 저절로 이루어지기를 기대하기 어렵다는 것이고, 그렇다면 누군가 나서서 이런 일을 주선해야 한다는 것을 뜻한다. 그렇기 때문에 동인 활동이 중요한 것이고, 생존의 희망이 되는 것이다.

예를 들면, 매년 〈새로운 감성과 지성〉이라는 사화집을 내는 '시문관' 동인의 경우, 회원이 13명이다. 회원 중에서 시집을 내면 모임을 운영을 맡은 '일꾼' 이 1인 당 5만원씩 갹출을 하여 당사자에게 전달한다. 본인을 빼고 12명이면 60만원이다. 물론 많은 액수는 아니지만, 이 돈이 당사자에게 주는 것은 엄청난 격려와 희망이다. 발행 비용부터 발송비용까지 모두 시인이 떠 안아야 하는 현실에서 주변 사람들의 이런 도움은 단순히 돈의 액수로 그치지 않는다. 동인이란 그런 희망을 주는 관계이어야 한다.

현재 시집 한 권에 드는 발행 비용은 200만원 정도이다. 만약에 회원이 20명이면 한 번 시집 출간에 100만원이 충당되는 셈이다. 회원이 40명이면 공짜로 낼 수 있다는 결론이다. 이런 식이라면 시집 출간도 누구나 한 번 해 볼 만한 일이 될 수 있다. 사정이 이렇다면 문학의 위기가 무슨 문제가 되겠는가? 넋 놓고 앉았기에 위기인 것이지, 행동하는 자에게 위기는 그냥 말일뿐이다.

문학판의 동인 모임은 너무 많아도 너무 적어도 문제이다. 대략 2-30명 선이면 적당하다. 이런 모임이 두레의 성격을 활용하여 문학의 생존을 도모한다면 디지털 문명이 아무리 높고 크게 밀려와도 어렵지 않을 것으로 본다.

또 한 가지는 시집을 받아보는 사람들의 태도이다. 하도 많은 시집이 나오다 보니 좀 유명세를 탄 사람은 도착하는 시집을 다 읽어주기도 벅찰 지경이라고 한다. 그러니 그 이상의 기대를 그에게 거는 것은 부질없는 일이겠지만, 사람이 책을 선물로 받으면 그에 대한 보답을 하는 것이 당연지사이다. 그것이 자신을 기억하고 책을 건네준 사람에 대한 예의인 것이다.

그렇다면 어떻게 해야 할까? 가장 확실한 방법은 시인이 보내준 시집을 몇 권 사서 주변의 문학도나 문학에 관심이 있는 사람들에게 선물로 주는 것이다. 한 시인이 나에게 선물을 했는데 그걸 받아서 읽고는 다섯 권을 사서 돌렸고, 그런 사람이 50명이라면 250

권이, 100명이라면 500권이 간단히 소비되는 셈이다. 사서 돌리는 사람은 비용이 발생하겠지만, 그것이 문학의 저변을 확대하고 잠재 독자를 확보하는 일이 되며 나아가 문학의 생존을 좌우하는 일이 된다는 것, 그리고 그것이 자신의 삶을 의미 있는 것으로 만든다는 것은 쉽게 알 수 있는 일이다. 그러나 아쉽게도 나 자신을 포함해서 내 주변에서 그렇게 한다는 사람이 있다는 소문조차도 듣지 못했다. 그러나 한 번 해볼 만한 일이다. 그리고 그것을 확실하게 보장하는 방법은 앞서 말한, 두레의 성격을 동인에 접목시키는 것이다.

시인이 시집을 사지 않는다면 독자 역시 시집을 사지 않는다. 그리고 그것은 결국 시의 몰락으로 연결된다. 그 고리를 푸는 사람은 독자가 아니라, 시인 자신이다.

또 동인 조직이 잘 운영되면 보급 문제 역시 걱정할 필요가 없다. 동인들의 손을 통해서 각 지역의 독자들에게 배포되기 때문이다. 〈새로운 감성과 지성〉의 경우, 2004년에 낸 제1집은, 충북지역에 150권, 충남 부산지역에 각각 30권, 대구 지역에 50권, 서울 경기 지역에 80권이 배포되었고, 인터넷 동호회로 70권, 우편으로 200부가 배포되었다. 그리고 제2집의 경우에는 회원이 전국 단위로 확대되면서 부산 100권, 대구 100권, 서울 경기 180권, 충북 150권, 대전 충남 50권, 인터넷 동호회 100권, 우편으로 200권 정도 배포되었다. 이 정도면 웬만한 문예지보다 훨씬 더 안정된 보급로를 확보한 셈이다. 그리고 이 책들은 중앙의 권력집단보다는 일반 독자에게 더 많이 보급되는 까닭에 시의 대중화라는 목적에도 훨씬 더 부합된다.

결국 디지털 시대에 시가 살아남으려면 발행부터 보급까지 시인 스스로 발 벗고 나서지 않으면 안 된다. 그러기 위해서는 혼자가 아니라 두레로 묶인 동인 활동이 가장 큰 희망이 될 수 있다.

6

인터넷 시대에 문학의 존재 방식과 근거는 가상공간을 떠도는 영혼들에게 현실의 감각을 일깨우는 데서부터 시작해야 한다. 그것은 동일한 방식으로 수천 년 동안 존재해온 시라는 양식을 통해 시공을 초월한 영혼의 대화를 할 수 있다는 점과, 그것은 디지털 방식과는 또 다른 방식이 우리의 삶을 규정하고 질을 높일 수 있다는 사실을, 새로운 세대에게 일깨워주는 것이다.

그러자면 가장 급한 것이 우리 삶의 주변에서 언제든지 부딪치고 만날 수 있는 것으로 시의 위상을 바꾸어야 한다. 아파트 단지 안에서 시화전이 이루어져야 하고, 사람들이 만나는 장소에서 시낭송회가 열려야 하며, 자신의 시를 어렵지 않게 활자화시킬 수 있는 합동시집이나 사화집을 만들어야 한다. 그런 경로와 작업이 우리 삶의 주변에서 손쉽고 다양하게 이루어지고 주변의 사람들이 그런 풍속에 익숙해질 때 시의 대중화는 비로소 가능한 일이다. 디지털 시대에 문학이 살아남는 거의 유일한 비결일 것이다. 결국 아마튜어리즘의 부활이 전제되지 않으면 어려운 일이다. 1980년대를 주름잡았던 씨름이 프로팀 운영에만 전념하다가 마침내 몰락을 맞이했듯이, 문학 또한 아마튜어리즘을 전제로 하지 않은 프로란 공염불이다.

문학의 체질을 근본부터 뜯어고치는 이 같은 일이 이루어지려면 문학을 이끄는 집단이 중앙집권화 된 형태의 질서를 스스로 헐어야 한다. 우리나라의 고질병이 된 학연과 지연, 그것도 아니면 문예지 중심으로 뭉쳐서 신라시대에나 있을 성골과 진골 그룹을 형성하여 그 특권을 바탕으로 권력과 이익을 꾀하는 유치한 발상을 버리지 않으면 문학사회 전체의 몰락은 머지않아 현실로 들이닥칠 것이다. 자신들의 둘레 밖에 아무도 들어갈 수 없는 거대한 성을 쌓아놓고 주인행세를 하는 것은 그 바깥에 많은 사람들이 우러러 보고 부러워 할 때에나 의미 있는 일이다. 이제는 보아줄 사람도 없는 시대가 왔다. 이끼 낀 중세의 성에서 관객도 없이 끼리끼리 꾸는 헛된 꿈을 이제는 버려야 할 때이다.

어리석은 지도자들이 공동의 몰락을 예방하려는 의지를 전혀 보이지 않을 때, 이런 일그러진 구조를 바꾸는 방법으로는 인터넷 매체의 장점을 활성화시키는 것이 가장 좋은 대안이다. 거꾸로 선 피라미드는 곧 쓰러지기 마련이다. 피라미드가 정상으로 돌아가기 위해서도 뒤집힌 피라미드는 쓰러져야 하며, 그 방법과 대안은 인터넷이다. 각 지역에 구축된 문학인들을 하나로 엮어서 권력화되지 않으면서 문학의 즐거움을 공유할 수 있는 방법으로는 그보다 더 좋은 것이 없다.

그리고 제도화를 통해서 강제하는 방법 역시 좋은 방법이다. 하지만, 이 부분은 이곳에서 다룰 수 없는 부분이다. 이것은 국가 행정과 연관된 부분이기 때문에 따로 장을 마련하여 당사자들의 논의가 있어야 할 것이다.

디지털 매체로 인하여 시의 위기는 현실이 되었다. 그 현실을 문학에서 얼마나 더 늦추느냐 하는 것이 우리에게 남은 숙제이며, 속도를 늦춘 후에 어떻게 생존할 수 있느냐 하는 것이 그 다음의 과제이다. 이 숙제를 풀 자들은 신세대가 아니다. 이빨 썩은 내 나는 문학권력을 틀어쥐고 그 쾌감을 즐기는 자들과 그들 주변에서 그들을 멍청히 바라보는 시인들과 이 시대 최후의 독자들이다. 100년 후 시는 과연 박물관이 아닌 현실 속에 살아있을 것인가? 그에 대한 확답을 하지 못한 상태에서 붓을 놓는다. 신의 가호가 있기를!

슬픈 눈을 지닌 돌

2006년 11월 15일 초판 인쇄
2006년 11월 20일 초판 발행

지은이 ㅣ 박윤배 외
펴낸이 ㅣ 유정환
펴낸곳 ㅣ 도서출판 고두미
등록 2001년 5월 22일 (제25100-2001-11호)
충북 청주시 상당구 수동 437-2
Tel.043 • 257 • 2224 / Fax.043 • 223 • 1914
E-mail : godumi@nate.com

ISBN 89-91406-30-0 03810

값 8,000원